InRed & SPRiNG特別編集

ゆるラク自炊BOOK

ビギナーさんでも
わかりやすい！

宝島社

始めよう！
ゆるラク自炊

これから自炊を始める人もすでに始めている人も
「自炊って楽しい！」「意外と簡単！」と
思えるような内容を1冊に盛り込みました。

料理は、調理道具と火加減、材料の組み合わせ、
調理のコツと一見いろいろとあるように思えますが、
まず本を開いて、材料を揃えて、あとは手順通りに作るだけ！
さくさくと調理が進められるように、
わかりやすいプロセスで構成しました。

自炊って楽しい！

難しく考えなくても、目で見てパッと理解できる。
だから、日々のお弁当や、急に誰かがおうちに来たときは、
冷蔵庫にあるものだけでささっと作れる。
何もしたくない日は、作りおきしたおかずで
心も満足するほっこりとしたごはんが食べられる。
そんなことが叶う、ゆる自炊生活、
皆さんも始めてみませんか？

目次

快適に楽しく、おいしい自炊生活スタート **ゆるラク自炊基本のキ**

これだけは揃えておきたい **調理器具と調味料**…P12 / **料理にまつわる素朴な疑問を解決！**…P14
覚えておきたい！**食品保存のルール**…P16 / 作る前に読んでおきたい **レシピの見方**…P18

3stepで完成！ **フライパンひとつで今晩のおかず**

フライパンで焼く・炒める・煮る
サイコロステーキ…P22 / サーモンソテー…P24 / チンジャオロース…P26
麻婆豆腐…P28 / ブリ大根…P30 / 筑前煮…P32

フライパンで丼も！麺も！
牛丼…P34 / 親子丼…P36 / シーフードのペンネグラタン…P38 / 上海風焼きそば…P40

 作りおきできる **だしの取り方**…P42

定番からのアレンジ力も高め惣菜 **流行の作りおきに挑戦**

冷蔵庫で保存できる 長持ち系おかず
牛肉しぐれ煮 P46 / 切り干し大根…P48 / 洋風きんぴら…P49

使い回しできるアレンジおかず
鶏塩そぼろ…P50 / かぼちゃのそぼろあん…P52 / キーマカレー…P53
ゆで豚…P54 / ゆで豚のごまだれソース…P56 / 揚げないトンカツ…P57

ひとさじでいつものメニューがレベルUP　魔法のたれ
玉ねぎとセロリの塩だれ…P58 / トマトとツナのサラダ…P58 / 白身魚の包み焼き…P59
はちみつ味噌だれ…P60 / 回鍋肉…P61 / さといもの味噌グラタン…P61

 食材の切り方と下ごしらえ便利帳…P62

食材を賢く使いまわし！ **コスパGOODな食材レシピ**

エントリーNo.1 もやし
もやしの肉巻き…P70 / もやしナムル…P72
もやしと鶏ささみ肉のさっぱり梅和え…P72 / もやしと卵のとろとろスープ…P73

エントリーNo.2 豚こま肉
肉豆腐…P74 / チャプチェ…P76 / ポークビーンズ…P76 / 豚汁…P77

エントリーNo.3 じゃがいも
肉じゃが…P78 / ポテトサラダ…P80 / きゅうりとじゃがいものサラダ…P80 / スパニッシュオムレツ…P81

エントリーNo.4 白菜
羽根つき餃子…P82 / 焼き白菜のシーザーサラダ…P84
白菜とベーコンのコーンクリームスープ…P85 / 白菜のピクルス…P85

エントリーNo.5 鶏ムネ肉
チキンクリームシチュー…P86 / 塩麹からあげ…P88 / 蒸し焼き鶏ハム…P89

 捨てずにレスキュー **野菜の使い切り計画**…P90

004

これだけあれば料理上手 冷蔵庫にあるものだけでレシピ

冷蔵庫・冷凍庫に常備しておきたいリスト…P96

あるものを活用して メインも！ おつまみも！ 鍋も！
海鮮チヂミ…P98 /カルボナーラ スパゲティ…P100
ベジパンキッシュ…P102 / ゴロゴロポトフ…P104 / スンドゥブチゲ…P106
チーズフォンデュ…P108 / ミートボールのトマト鍋…P109 / にんじんと大根の和風ラペ…P110
オニオンスライスおかか和え…P110 / ブロッコリーと卵のグラタン…P111

 ひとり分の自炊がもっと楽になる！フリージングアイデア便利帳…P112

ごはん派もパン派もお任せあれ！ パパッと朝ごはん

やっぱり日本人は白飯でしょ！のっけ飯
納豆たくあん飯…P118 / アボカドチキン飯…P118 / オイルサーディン飯…P119 / コーンバター飯…P119

朝はパンじゃなきゃという人は のせパン&サンド
海苔チーズトースト…P120 / クロックムッシュ…P120 / ベーコンエッグトースト…P121
りんごとくるみのシナモントースト…P121 / 鶏ハムのバインミー…P122
コンビーフのオープンサンド…P122
プチホットドッグ…P123 / フルーツヨーグルトのベーグルサンド…P123

あったかスープでホッと朝時間 マグカップスープ
ウインナーとブロッコリーのスープ…P124 / さつまいもの豆乳ポタージュ…P124
小松菜とベーコンのカレースープ…P125 /レタスと桜エビのスープ…P125

卵をもっとおいしく食べる 卵バリエ
ふわふわスクランブルエッグ…P126 / とろとろ半熟オムレツ…P127
きれいなベーコンエッグ…P128 / 4変化！ ゆで卵…P129

 ふわふわ卵サンドレシピ…P130

作りおきと冷凍を賢く使う！ビギナーさん向けデビュー弁当

がんばらずにちゃんと作れるお弁当
鶏塩そぼろ弁当…P134 / からあげ&オムライス弁当…P136
肉だんご弁当…P138 / レインボーサラダ弁当…P140

これだけで、満足ランチ！具だくさんおにぎりと味噌玉
カリカリ梅と鮭のおにぎり…P142 / ハムチーズのカレーおにぎり…P142
ツナと塩昆布のおにぎり…P142 / 肉巻おにぎり…P142
桜エビ+てまり麩+あおさ海苔の味噌玉…P143 / 切り干し大根+ひじきの味噌玉…P143
じゃこ+とろろ昆布の味噌玉…P143 / わかめ+春雨+万能ねぎの味噌玉…P143

華やかでおいしい！ おもてなしのとっておきレシピ

ふたりで！ ホームパーティで！ 作りたい5品
こんがりチキンのフライパンパエリア…P146 / 丸ごと尾頭つきアクアパッツァ…P148
カラフル野菜のロール鍋…P150 / のっけケーキ寿司…P152 / ロコモコハンバーグ…P154

 凍らせるだけで完成！フリージングデザート…P156

005

作りたいメニューが見つかる！

自炊レシピ インデックス

メインのおかず　MAIN DISH

肉

〈牛肉〉

サイコロステーキ ……………………………… P22

チンジャオロース ……………………………… P26

牛丼 ……………………………………………… P34

牛肉しぐれ煮 ………………………………… P46、140

肉じゃが ………………………………………… P78

〈鶏肉〉

鶏塩そぼろ …………………………………… P50、134

チキンクリームシチュー ……………………… P86

塩麹からあげ ………………………………… P88、136

蒸し焼き鶏ハム ………………………………… P89

〈豚肉〉

ゆで豚 …………………………………………… P54

ゆで豚のゴマだれソース ……………………… P56

揚げないトンカツ ……………………………… P57

回鍋肉 …………………………………………… P61

もやしの肉巻き ………………………………… P70

肉豆腐 …………………………………………… P74

カラフル野菜のロール鍋 ……………………… P150

〈ひき肉〉

麻婆豆腐 ………………………………………… P28

羽根つき餃子 …………………………………… P82

ミートボールのトマト鍋 ……………………… P109

ロコモコハンバーグ …………………………… P154

メインのおかずは、素材別（肉、魚介、豆腐、卵など）に探せます。
サブのおかずはサラダ系、スープ、その他の順、ごはんものはごはん、麺、パンの順に並んでいます。

魚介

サーモンソテー P24
ブリ大根 P26
白身魚と野菜の包み焼き P59
丸ごと尾頭つきアクアパッツア P148

大豆・豆腐・卵

親子丼 P36
スンドゥブチゲ P106
ふわふわスクランブルエッグ P126
とろり半熟オムレツ P127
きれいなベーコンエッグ P128
4変化！　ゆで卵 P129

その他

ゴロゴロポトフ P104
チーズフォンデュ P108

サブのおかず　SIDE DISH

〈サラダ系〉

トマトとツナのサラダ P58
もやしナムル P72
もやしと鶏ささみ肉のさっぱり梅和え P73
ポテトサラダ P80
きゅうりとじゃがいものサラダ P80
焼き白菜のシーザーサラダ P84

メインのおかず

サブのおかず

ごはん・麺・パン

スイーツ

白菜のピクルス ・・・・・・・・・・・・・・・・・・・ P85
オニオンスライスおかか和え ・・・・・・・・・・ P110
にんじんと大根の和風ラペ ・・・・・・・・・・・・ P110

〈スープ系〉
もやしと卵のとろとろスープ ・・・・・・・・・・ P73
豚汁 ・・・・・・・・・・・・・・・・・・・・・・・・・・・・ P77
白菜とベーコンのコーンクリームスープ ・・・ P85
ウインナーとブロッコリーのスープ ・・・・・・ P124
さつまいもの豆乳ポタージュ ・・・・・・・・・・ P124
小松菜とベーコンのカレースープ ・・・・・・・ P125
レタスと桜エビのスープ ・・・・・・・・・・・・・ P125
味噌玉 ・・・・・・・・・・・・・・・・・・・・・・・・・ P143

〈その他〉
筑前煮 ・・・・・・・・・・・・・・・・・・・・・・・・・ P32
切り干し大根 ・・・・・・・・・・・・・・・・・・・・ P48
洋風きんぴら ・・・・・・・・・・・・・・・・・・・・ P49
かぼちゃのそぼろあん ・・・・・・・・・・・・・・ P52
さといもの味噌グラタン ・・・・・・・・・・・・・ P61
チャプチェ ・・・・・・・・・・・・・・・・・・・・・・ P76
ポークビーンズ ・・・・・・・・・・・・・・・・・・・ P76
スパニッシュオムレツ ・・・・・・・・・・・・・・ P81
海鮮チヂミ ・・・・・・・・・・・・・・・・・・・・・・ P98
ブロッコリーとゆで卵のグラタン ・・・・・・・・ P111

ごはん・麺・パン RICE NOODLE BREAD

〈ごはん〉
キーマカレー ・・・・・・・・・・・・・・・・・・・・ P53
アボカドチキン飯 ・・・・・・・・・・・・・・・・・ P118
納豆たくあん飯 ・・・・・・・・・・・・・・・・・・・ P118

オイルサーディン飯 ･･････････････････････ P119
コーンバター飯 ･･･････････････････････････ P119
カリカリ梅と鮭のおにぎり ･･････････････ P142
ハムチーズのカレーおにぎり ･･･････････ P142
ツナと塩昆布のおにぎり ･･････････････････ P142
肉巻きおにぎり ･･････････････････････････ P142
こんがりチキンのフライパンパエリア ･･･ P146
のっけケーキ寿司 ･･･････････････････････ P152

〈麺〉
シーフードのペンネグラタン ･･･････････ P38
上海風焼きそば ･･････････････････････････ P40
カルボナーラスパゲティ ･･････････････････ P100

〈パン〉
ベジパンキッシュ ･･･････････････････････ P102
クロックムッシュ ･･･････････････････････ P120
海苔チーズトースト ･････････････････････ P120
ベーコンエッグトースト ･･････････････････ P121
りんごとくるみのシナモントースト ･･･････ P121
鶏ハムのバインミー ･････････････････････ P122
コンビーフのオープンサンド ･･･････････ P122
プチホットドッグ ･･･････････････････････ P123
フルーツヨーグルトのベーグルサンド ･･･ P123
卵サラダサンドイッチ ･････････････････････ P130

スイーツ SWEETS

ブルーベリーフローズンヨーグルト ･････ P156
豆乳あずきのキューブアイス ･･･････････ P157
大人の梅酒グラニテ ･････････････････････ P158
コーヒーグラニテ ･･･････････････････････ P159

メインのおかず

サブのおかず

ごはん・麺・パン

スイーツ

快適に楽しく、おいしい自炊生活スタート

まずは知っておきたい！

PART 1
ゆるラク自炊基本の

キ

さっそくファースト自炊を始めるにあたり、これがあったら便利！という道具や調味料、そしてどこかで聞いたことあるナ？という料理用語など、自炊ビギナーさん向けの便利情報をお届け。

P 012
～
013

これだけは揃えておきたい！
調理器具と調味料

ゆる自炊のための　おすすめ調理器具
まずはこれから！　基本の調味料

P 014
～
015

料理にまつわる
素朴な疑問を解決！

いまさら聞けない、　あんなことこんなこと

P 016
～
017

覚えておきたい！
食品保存のルール

調味料の　保存のコツ

冷蔵庫、効率の良い使い方は？

調理器具と調味料

これだけは揃えておきたい

ゆるラク自炊、あったら便利だゾ！ というのがここに並べた調理器具。
一気に全部揃えなくてもOKです、ご参考までに。

浅いフライパン
真っ先に買うべきアイテムが、浅いフライパン。直径26cmでフッ素樹脂加工のものがひとつあれば大抵のレシピは網羅できます。ガラスぶたも合わせて購入を。

片手鍋
スープやお味噌汁はもちろん、ラーメンなどを作る時にも活躍するのが片手鍋。18～20cm口径くらいの小さいタイプで十分です。

深いフライパン
炒めたり焼いたりだけでなく、煮る調理にも向いているのが深いフライパン。あったら便利なアイテムです。

お玉
正式名称はおたまじゃくし。よそうのはもちろん、中で調味料を溶いたり味見をしたり、汁物調理に欠かせません。楕円形で底があまり深くないものが使いやすいです。

まな板と包丁
まな板は、手入れがラクで清潔に保てるプラスチック製がおすすめ。包丁はまず1本、ステンレスの万能包丁を。

計量カップ
水何カップ、というときのカップはこれです。目盛りが細かく書かれたものを選ぶとわかりやすいです。

ゴムベラと木ベラ
どちらも鍋やフライパンの中などで食材を「混ぜる」器具。ゴムベラは熱で溶ける場合があるので耐熱性のあるものを選んで。

フライ返し
厚みのあるもの、形を崩したくないものをひっくり返したり持ち上げたりするときに重宝します。

しゃもじ
炊飯ジャーについているでしょうけれど、ごはんを扱うならしゃもじは必須。自立できるタイプのものなら衛生的です。

菜箸
炒めたり、混ぜたり、具を持ち上げたり、第二の手となって働いてくれる菜箸。木製・竹製のものが扱いやすいです。

ホイッパー
ドレッシングをかく拌したり、卵を混ぜたり、生クリームを泡立てたりと日々のキッチンで意外と活躍します。

ピーラー
じゃがいもなどの皮むきや、細長い野菜をうす～くスライスするのに使えます。皮むきが負担にならないのでビギナーさん必携！

ゆる自炊基本のキ

バット

切った素材をまとめて置いておくのに便利なバット。キッチンペーパーを敷いて揚げ物の油落としなどにも使います。

ざる

野菜の水きりやお米を研ぐとき、パスタの湯切りなどに欠かせない存在。目が細かいものの方が使いやすいです。

計量スプーン

調味料を量るのにマストなアイテム。不慣れな人の目分量ではおいしくできないレシピも多いので、まずはきちんと計量を！

トング
ゆで上がったパスタ、麺類を取り出したり、菜箸では扱いにくい厚みのある肉や魚をひっくり返したり。思った以上に使えます。

大根おろし器

しょうがやにんにく、玉ねぎなど香味野菜のすりおろしにも。刃のタイプが変えられて千切りなどもできるスライサーがおすすめです。

ボウル
肉だねを作ったり素材を和えたりするのに、やはりあると便利。ステンレス製で20〜22cm口径くらいのものが軽くて使いやすいです。

キッチンばさみ

薬味や海苔を切ったり、ひとり分の野菜や肉をカットしたりと"ちょい切り"できるのがいいところ！ 切れ味の良いものを選んで。

基本の調味料は、さしすせそ＋みりん

まずは和食の基本である「さ(砂糖・酒)し(塩)す(酢)せ(しょうゆ)そ(味噌)」とみりんがあると安心。さしすせそ、は味をつけるときの順番でもあるので覚えておくと便利です。※「みりん調味料」はみりんと異なるので注意を。

砂糖　　塩　　しょうゆ　　酢　　味噌　　みりん

本書に出てくる調味料リスト

- 味噌
- 豆板醤
- テンメンジャン
- オイスターソース
- ウスターソース
- だしの素(鶏ガラ、中華、和風、コンソメ)
- バルサミコ酢
- 白ワインビネガー
- 練りごま
- からし
- マスタード
- 白ワイン
- はちみつ
- 一味(七味)唐辛子
- 塩麹
- トマトケチャップ
- ラー油
- マヨネーズ
- こしょう

料理にまつわる素朴な疑問を解決!

実は意味がわかっていなかったり「なんとなく」で済ませちゃっているあのコトバ。ここでクリアにしときましょ!

Q 少々、ひとつまみってどのくらい?

かなりアバウトに思える「少々」「ひとつまみ」という表現にも基準があります。使うのは自分の指先。感覚で覚えていきましょう。

適量は?
こちらもよく使われる表現。「適量」は自分好みに加減したちょうど良い量のこと。レシピに書いてあったら必ず入れましょう。対して「適宜」は自分好みの量というのは同じだけれど、入れても入れなくてもお好みでOK。

少々

親指と人さし指でつまんだ程度のごく少量。塩でいうと約0.5g程度。

ひとつまみ

親指と人さし指、中指でつまんだ少々よりやや多めの量。塩でいうと約1g。

Q ガスの火加減について教えて!

なんとなく……の代表格「火加減」だけど、実はこれ、味付けと同じくらい大切な要素。以下を参考に目で確認して料理に臨みましょう。

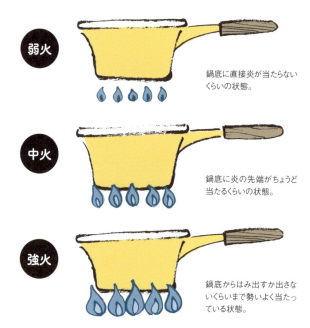

弱火 鍋底に直接炎が当たらないくらいの状態。

中火 鍋底に炎の先端がちょうど当たるくらいの状態。

強火 鍋底からはみ出すか出さないくらいまで勢いよく当たっている状態。

Q 賞味期限と消費期限の違いは?

[賞味期限]とは開封していない状態で、表示されている方法で保存した場合に「おいしく食べられる」期限を表し、[消費期限]とは同じ状態で「食べても安全な」期限を表しています。よって消費期限が過ぎているものは、食べない方がベター。

野菜の皮をむく場合とむかない場合があるのはなぜ？

「おいしく食べる」を基準にすると、皮をむく・むかないの答えが自ずとわかりそう。
同じ野菜でも食感や風味、用途によって変わります。

皮をむかない野菜

- トマト
- きゅうり
- なす
- ズッキーニ
- ごぼう
- しょうが
- パプリカ
- セロリ
- 万能ねぎ

など

ごぼうは皮に香り成分があるため、むかないで使用します。しょうがには、素材のくさみを消す効果があるため、肉や魚を煮る時に皮をむかずに使用します。

皮をむく野菜

- れんこん
- にんじん
- 大根
- 玉ねぎ
- にんにく
- じゃがいも
- さといも
- かぼちゃ
- 長ねぎ

など

かぼちゃは所々むき、長ねぎは固いようであれば外皮の1枚目をむきます。

どんな包丁を選べばいい？

薄刃包丁や刺身包丁など、包丁には用途によって違いがありますが、ビギナーさんはそこまで使い分けする必要はありません。まずは魚・野菜・肉の調理ができる「万能包丁（三徳包丁）」を用意しましょう。

覚えておきたい!

食品保存のルール

せっかく揃えた調味料や食材、気づいたらダメになっていた!ではやる気もなくなるというもの。
これを機会に保存場所と保存方法を知っておきましょう。

※調味料の保存場所については全て「開封後」のものになります。

冷蔵庫に入れるもの

常温保存では腐りやすかったり、風味ががくんと落ちるものは冷蔵庫へ。特に最近多い保存料不使用のものなどは冷蔵の上、早めに使い切りましょう。

- しょうゆ
- 味噌
- バター
- オイスターソース
- テンメンジャン
- 豆板醤
- 練りごま
- ソース
- 辛子、マスタード類

- チューブしょうが
- チューブにんにく
- 白ワイン
- 塩麹
- トマトケチャップ
- マヨネーズ

常温で保存するもの

乾燥や低温が苦手な調味料、アルコール度数の高いものなど。コンロの横や直射日光が当たる場所、シンク下など湿気のあるところは避けた方が無難です。

- 塩、砂糖
- こしょう
- みりん
  ※「みりん調味料」は冷蔵庫保存
- 小麦粉
- 片栗粉
- サラダ油
- ごま油
- ラー油

- オリーブオイル
- お酢類
  ※ポン酢などは冷蔵庫保存
- 顆粒だし
- かつお節
- 昆布
- しょうゆ
- 酒

よく聞くけどわからない

「冷暗所」ってどこのこと?

「常温より温度が低く一定で、直射日光が当たらない場所」を指します。常温=15〜25℃前後ですので、それ以下の1〜15℃くらいの温度を保てる暗い場所。冷蔵庫、または野菜室があればぴったり。

判断しづらい調味料をチェック!

これってもう、だめ?

マスタードが分離しています
原材料に含まれるワインやビネガーからくる水分なので、よく混ぜて使えば問題ありません。

顆粒だしがカチカチに……
湿気で固まることがよくありますが、においなど気になるところがなければほぐして使えます。

お酢の瓶に白いもやもやが!
空気中にいる酢の発酵菌と反応したもので、無害です。ただ風味は落ちるので料理には使わない方がよいかも。

冷蔵庫、効率の良い使い方は？

冷凍庫は きっちり詰めを

冷凍庫の中はきちきちに詰めておくと、凍ったもの同士が保冷剤の役割を果たして、溶けにくくしてくれるので◎。逆に冷蔵庫は、ぎゅうぎゅう詰めすぎると冷気の循環がうまくいかなくなって、冷蔵庫内の温度が安定しなくなるので、適度に隙間を開けておくのが大切です。

肉・魚は上段 orチルド室に

冷蔵庫は一般的に上段ほど温度が低く、下段ほど高くなります。チルド室のないひとり用冷蔵庫を使っている場合は、低温で保存したい肉・魚は上段で保存しましょう。

保存袋や 保存容器を活用

ジッパー付きの保存袋や重ねられるコンテナ容器は、使いかけや開封済みの食材を酸化や乾燥から守る強い味方。すぐに移し替えましょう。見た目もスッキリするので一石二鳥！

調味料は ドアポケットに

マヨネーズやソースなど開封した調味料はしっかりとふたを閉め、まとめてドアポケットに収納しましょう。見やすいので、何が入っているか把握できます。

葉野菜は立てて 保存しよう

立って育つ葉野菜は、立たせて保存することで鮮度が保てます。湿らせた新聞紙やペーパータオルで根っこを包み、ビニール袋に入れてドアポケットへ。

生ゴミの始末の仕方を教えて！

生ゴミは濡れると悪臭が増します。調理で出た生ゴミは三角コーナーや排水ポケットにためず、その場で新聞紙に包み、さらにレジ袋へ。どうしても気になるという人はゴミの日まで冷凍庫へ入れておくのも、ひとつ。

知らないことがたくさんあるわ！

作る前に読んでおきたい

レシピの見方

初めてでも失敗なく作れるように調理工程や火加減をわかりやすく紹介しています。

カッコは下ごしらえです。
火を使って調理する前に準備しておきましょう。

火加減はP14を参考に、
書いてある通りに調理しましょう。

下ごしらえを終えてから
完成までの調理時間です。

仕上がり写真は
盛りつけの参考にしましょう。

スムーズに調理するコツです。

ゆる自炊基本のキ

分量のこと

ひとり分が基本です。中には、材料を計量しやすいように「ちょっと多めのひとり分」と記載したレシピもあります。余った分は、翌日のお弁当のおかずにしたり、冷蔵・冷凍保存しておきましょう。

計量のこと

野菜は、丸ごと1個や半分の量を使う場合でも、大きさによって分量が変わるため、一部の野菜はgでも表示しています。調味料は小さじ（5cc）・大さじ（15cc）、計量カップ（200ml）を使います。また、ごはんの茶碗1杯分は150～160gを目安にしています。

電子レンジのこと

電子レンジの加熱分数は、600Wの場合の目安分数です。機種や庫内の温まり状況により加熱のかかり具合が変わる場合があります。加熱後は熱くなっています。電子レンジ庫内からの取り出しには十分注意しましょう。

調理について

下ごしらえ

調理をする前にしておくことを下ごしらえといいます。野菜の切り方はいろいろなバリエーションがありますが、レシピごとに火の通りや味のしみこみ方、見栄えのよさを考慮したものです。P62～を参考にチャレンジしてみましょう。

予熱

フライパンや鍋に材料を入れる前に、中火で1～2分ほど温めます。火にかけたフライパンに手をかざすと熱気を感じる程度が目安です。

耐熱皿

電子レンジで加熱する場合、電子レンジの急激な温度変化に対応できる耐熱皿（容器）を使用します。電子レンジで使用する場合は、140℃以上の耐熱が必要です。
また、ラップをかける場合は、ぴっちりとかけず、ふんわりとかぶせるようにします。

PART2

初心者さんでも
簡単にできる

3stepで完成！

フライパン ひとつで 今晩のおかず

まずはビギナーさんでも失敗なしのフライパン調理からスタート！ 3ステップで手軽に作れて、焼く・炒める・煮るの基本がわかる10のレシピをご紹介します。さあ、早速おためしあれ。

P 022 〜 033

フライパンで
焼く・炒める・煮る

🔍 簡単なのに、ひと皿でゴージャス！ **サイコロステーキ**

🔍 レストランで食べるみたいな **サーモンソテー**

🔍 3色ピーマンでごちそう感アップ **チンジャオロース**

🔍 ごはんに合うおかずNo.1！ **麻婆豆腐**

🔍 煮汁がしみた大根がおいしい！ **ブリ大根**

🔍 これぞ、和食の大定番 **筑前煮**

P 034 〜 041

フライパンで
丼も！麺も！

🔍 煮るだけなのになんとも絶品 **牛丼**

🔍 ふわとろ〜のコツをマスター **親子丼**

🔍 魚介のうま味が溶け出す **シーフードのペンネグラタン**

🔍 野菜たっぷり、おしょうゆ風味 **上海風焼きそば**

フライパンで焼く

素材を焼くだけ！ 焼き方を知れば おいしさがぐんと引き出される

肉や魚を焼くときは最初に強火で表面を焼いてうま味をとじこめ、その後、火を弱めてじっくり加熱します。弱火で時間をかけて焼くと素材から水分が抜け、パサついておいしくなくなるのでご注意を。

簡単なのに、ひと皿でゴージャス！
サイコロステーキ
調理時間 8分

野菜も一緒に焼くから一気にメインディッシュに

材料
（ひとり分）

- 牛ステーキ肉…100g
（3cm角に切り、塩ひとつまみ、こしょう少々をふる）
- しめじ…1/4パック（30g）
（石づきを切り落とし、小房に分ける）
- 赤パプリカ…1/6個（30g）
（3cmの乱切り）
- ブロッコリー…小房3個（40g）
（耐熱皿にのせふんわりとラップをかけ、電子レンジで30秒加熱）
- にんにく…1かけ
（薄い輪切りにし、真ん中の芽を竹串で取り除く）
- しょうゆ…小さじ1
- バター…10g
- オリーブオイル…大さじ1

1 オリーブオイルとにんにくを入れ、弱火で2〜3分焼く

[弱火]

きつね色になるまで焼けたらキッチンペーパーに取り、油をきる。

point
にんにくは焦げやすいので、予熱せずにオリーブオイルと一緒に冷たいフライパンに入れるのがコツ。

2 牛肉を入れて全面に焼き色がつくまで転がしながら焼く

[中火]

フライパンに残ったにんにくの香りがついた油で、中火で2分ほど焼く。

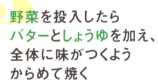

3 野菜を投入したらバターとしょうゆを加え、全体に味がつくようからめて焼く

[中火]

野菜に火が通るまで中火で1〜2分炒める。器に盛り、ステーキの上に1のにんにくチップをちらす。

023

材料

（ひとり分）

生鮭（切り身）…1切れ
（塩ひとつまみ、こしょう少々をふり、小麦粉小さじ2を薄くまぶす）

バター…15g

レモン…輪切り1枚

アスパラガス…1本
（根元2cmを切り落とし、下1/3の皮をピーラーでむいて斜め薄切り）

粉パセリ…少々

マッシュルーム…2個
（半分に切る）

塩…ひとつまみ
こしょう…少々

1

分量の1/3のバターを溶かし、マッシュルームとアスパラガスを焼く

[中火 🔥🔥🔥]

予熱後、野菜に火が通るまで中火で1分ほど炒めたら、塩とこしょうをふり、取り出す。

2

生鮭を皮目を下にして入れ、焼き色がつくまで2〜3分焼く

[中火→中火弱 🔥🔥🔥]

焼き色がついたら裏返し、火が通るまで弱めにした中火でさらに2〜3分焼く。焼き上がったら器に盛っておく。

3

残りのバターを入れて溶かし、粉パセリを加え、弱火で30秒〜1分ほど煮つめる

[弱火 🔥🔥🔥]

軽く煮つまったら、スプーンで鮭にかけてレモンをのせ、マッシュルームとアスパラガスをそえる。

― point ―
フライパンの汚れをキッチンペーパーでふき取ってからバターを入れる。

2 フライパンひとつで今晩のおかず

レストランで食べるみたいな
サーモンソテー
調理時間 10分

バターと魚の
うま味で、おいしい
ソースになる!

フライパンで炒める

おいしく仕上がる順番を守って炒めれば、うま味が詰まった上級者の味に!

最初に香りが出る香味野菜を弱火で炒め、次に野菜などのかたいもの、肉や魚介類などの味の出るもの、やわらかいものの順番に加えていきましょう。

シャキシャキの歯ごたえがたまらない!

3色ピーマンでごちそう感アップ
チンジャオロース

調理時間 6分

2 フライパンひとつで今晩のおかず

材料

(ちょっと多めのひとり分)

- 牛モモ焼肉用…80g
  (細切りし、しょうゆと酒各小さじ1/4、片栗粉小さじ1/2をもみ込む)
- たけのこ(水煮)…40g(細切り)
- 赤・黄パプリカ…各1/6個(30g)(細切り)
- ピーマン…1個(30g)(細切り)

A(調味料)
- 酒…小さじ1
- オイスターソース…小さじ1
- しょうゆ…小さじ1/2
- 砂糖…小さじ1/2

ごま油…小さじ2

1

フライパンを予熱し半量のごま油を入れ、牛肉を加える

[中火]

肉の色が変わるまで1〜2分炒めたら、取り出しておく。

2

ごま油を足して加熱し、ピーマン、パプリカ、たけのこを炒める

[中火]

全体に油がまわるまで中火で1〜2分炒める。

3

1の牛肉を戻し、Aを加えて1〜2分炒め合わせる

[中火強]

肉と野菜を別々に炒めることで火の通りが均一になる。

point

味ムラが出ないよう先に混ぜ合わせたAを、全体に一気に回しかける。

材料

（ちょっと多めのひとり分）

- 豚ひき肉…30g
- 万能ねぎ…1本（小口切り）
- しょうが…1/2かけ（みじん切り）
- にんにく…1/2かけ（みじん切り）
- 長ねぎ…5cm分（10g）（みじん切り）
- 絹ごし豆腐…1/2丁（P66を参照し、電子レンジで1分加熱し、水気をきる。粗熱がとれたら12等分に切る）

A（調味料）
- 鶏がらスープの素、砂糖…各小さじ1/2
- 水…1/2カップ（100ml）
- 酒、しょうゆ…各大さじ1/2
- テンメンジャン…小さじ1

水溶き片栗粉（片栗粉小さじ1、水小さじ2を合わせる）

- 豆板醤…小さじ1/2
- ごま油…小さじ1
- 万能ねぎ…適量（小口切り）

1
ごま油と長ねぎ、にんにく、しょうが、豆板醤を入れ炒める

[弱火→中火 🔥🔥🔥]

香味野菜は焦げやすいので弱火で炒め、ゆっくり香りを引き出す。香りが出てきたらひき肉を加え中火にし、肉の色が変わるまで炒める。

2
Aをよく混ぜて加え、1〜2分加熱する

[中火 🔥🔥🔥]

ひと煮立ちしたら12等分した豆腐を一気に加え、中火でさらに2〜3分煮る。

3
水溶き片栗粉を全体に回し入れ、混ぜながら加熱

[中火強 🔥🔥🔥]

混ぜながら中火強で2分ほど加熱し、とろみがついたら火を止める。器に盛り、万能ねぎをちらす。

point
水溶き片栗粉の片栗粉は沈みやすいので、直前に混ぜてから入れる。煮汁がふつふつと沸騰しているところにまんべんなく回し入れ、豆腐を崩さないよう手早く混ぜてとろみが均一になるように仕上げる。

2 フライパンひとつで今晩のおかず

ごはんに合うおかずNo.1!
麻婆豆腐
調理時間 6分

なめらかな絹ごし豆腐と肉のとろみが最高!

フライパンで煮る

一見ハードルの高そうな煮物も、
フライパンならテクニックいらず！

焼いて煮る、という工程がひとつの調理器具でできるのが、フライパン煮物のよいところ。
ひとり分の少ない煮汁で煮物をするときは、落としぶたをすると煮汁がまんべんなく行き渡ります。

煮汁がしみた大根がおいしい！
ブリ大根

調理時間 **27分**
（蒸らし時間込みの場合40分）

ブリの香ばしさと
ゆずの香りが
食欲を誘う

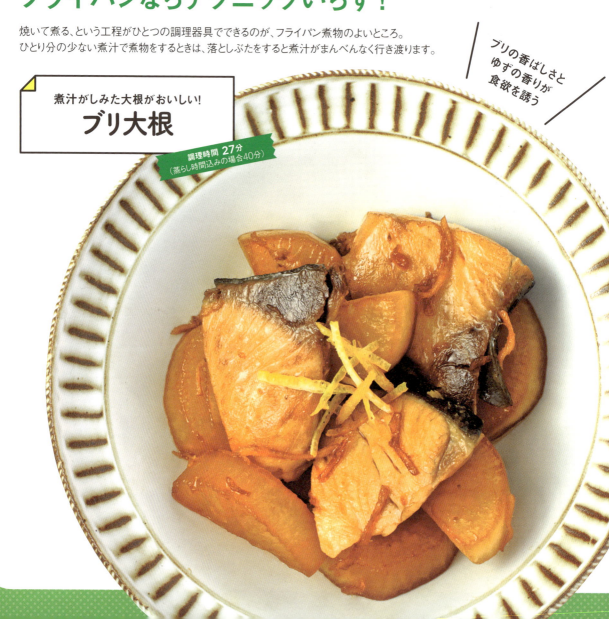

2 フライパンひとつで今晩のおかず

材料
（ちょっと多めのひとり分）

ブリの切り身…1切れ
（水洗いした後キッチンペーパーで水気をふき、3等分に切ってバットに並べる。両面に塩小さじ1/4ずつをふる。10分ほどして水分が出てきたらキッチンペーパーで押さえるようにふく）

しょうが…1/2かけ（極細い千切り）

ゆずの皮の千切り…適量

大根…1/4本（200g）
（皮を厚くむき、1cm厚の半月切り）

A（調味料）
酒…1/2カップ（100ml）
しょうゆ…大さじ2と1/2
みりん…大さじ2と1/2

サラダ油…大さじ1/2

---

1 フライパンを予熱しサラダ油を温め、ブリを並べて2分焼く
［中火強 🔥🔥🔥］

上下を返し、もう片面も2分焼き、取り出す。

point
ブリを水洗いして一度焼くのがポイント。くさみを取るために熱湯にさっと通す「霜降り」という下ごしらえを省いても同じようにおいしく作れる。

2 余分な油をふき取り大根を並べ上下を返しながら焼く
［中火 🔥🔥🔥］

小さめに切った大根を中火で5～6分焼く。大根特有のくさみやあくが抜け、味が染み込みやすくなる。

3 ブリとしょうがを入れAを加え3～4分煮る
［中火→弱火 🔥🔥🔥］

沸騰したらスプーンで煮汁を全体にかけ、落としぶたをする。さらにふたをし、具材の上下を返しながらごく弱火で12分煮たら火を止め、煮汁をからめて10分蒸らし、味をなじませる。

point
落としぶたをして煮るときはごく弱火で。火が強いと焦げやすいので注意。

材料

（ちょっと多めのひとり分）

- 鶏モモ肉…1/2枚（4cmの角切り）
- ごぼう…10cm分（30g）（小さめの乱切りにし、酢水につける）
- にんじん…1/4本（30g）（小さめの乱切り）
- しいたけ…1枚（P66を参照し、石づきを取り、4等分に切る）
- れんこん…1/4節（30g）（小さめの乱切り）
- こんにゃく（あく抜き済み）…1/4枚（60g）（2cmの角切り）
- だし（P42）…3/4カップ（150ml）
- さやえんどう…3枚（筋を取り、斜め半分に切る）
- A（調味料）
  - しょうゆ…大さじ1
  - 砂糖、酒、みりん…各大さじ1/2
- ごま油…小さじ1

1
フライパンを予熱し、鶏肉の皮を下にして入れ、2〜3分焼く

[中火 🔥🔥🔥]

鶏肉から脂が出てきたら上下を返す。焼けたら火を止め、出た脂をキッチンペーパーでふき取る。

point　余分な脂やあくを取ることで、鶏のくさみが残らずおいしく仕上がる。

2
ごま油を加えて再び火をつけ具材を入れる

[中火 🔥🔥🔥]

ごぼう、にんじん、れんこん、こんにゃく、しいたけの順に入れ、油がまわるまで2〜3分炒める。

3
だしを入れ、沸騰するまで強めの中火で2〜3分煮てあくを取る

[中火強→弱火 🔥🔥🔥]

Aを加え全体を混ぜふたをして弱火で10分煮たら、さやえんどうを入れてふたをし火を止め、10分蒸らする。

point　煮物は火を止めて蒸らす「鍋とめ」をすることで味がしみておいしくなる。

2 フライパンひとつで今晩のおかず

これぞ、和食の大定番
筑前煮

調理時間 **20分**
(蒸らし時間込みの場合30分)

根菜と鶏肉の
ほっとやさしい
味わいが魅力

033

フライパンで丼もの

小さめフライパンなら、なおベター。
合わせ調味料で煮るだけでできる、二大人気丼をどうぞ！

丼ものの具は、先につゆなど調味液を沸騰させてから具材を入れて煮るのがポイント。
煮汁が残りしっとり仕上がるよう、火が強すぎないよう加減しましょう。

煮るだけなのになんとも絶品
牛丼

調理時間 10分

牛肉のうま味が
ごはんにたっぷり
シミシミ！

材料

（ひとり分）

- 牛バラ薄切り肉…60g
  （ひと口大に切る）
- ごはん…適量
- **A**（調味料）
  - だし（P42）…120ml
  - しょうゆ、酒、みりん…各大さじ1
  - 砂糖…小さじ1
- しょうが…1/4かけ
  （皮をむいて薄切りし、千切り）
- 紅しょうが…適量
- 玉ねぎ…1/4個（40g）
  （繊維に沿って5mm厚の薄切り）

1
予熱せずに Aを入れ中火に 1〜2分かける
[中火 🔥🔥🔥]
アルコールを飛ばす。表面がふつふつしてきたら"ひと煮立ち"のサイン。

2
ひと煮立ちしたら 玉ねぎとしょうがを入れ、 3〜4分煮る
[中火 🔥🔥🔥]
玉ねぎが全体的にしんなりするまで中火で煮る。

3
牛肉を入れ 火が通るまで中火で 2〜3分煮る
[中火 🔥🔥🔥]
つゆごと温かいごはんにのせ、紅しょうがをそえる。

point アルコールを飛ばすことでうま味成分が凝縮し、よりおいしくなる。

point 牛肉は煮すぎるとかたくなるので注意。バラの薄切り肉だとしっとりと仕上がるのでおすすめ。

材料

（ちょっと多めのひとり分）

- 玉ねぎ…1/4個（40g）
  （繊維に沿って5mm厚の薄切り）
- 卵…2個
- 三つ葉…1本
  （ざく切り）
- ごはん…適量
- 鶏モモ肉…1/4枚（80g）
  （厚みをそろえて、3cmの角切り）

A（調味料）
- だし（P42）…60ml
- みりん、酒、砂糖…各小さじ2
- しょうゆ…小さじ4

1 予熱せずAを入れて中火に1〜2分かけ、ひと煮立ちさせる

［中火］

ひと煮立ちしたら玉ねぎと鶏肉を加え、まんべんなく広げる。

point 鶏モモ肉は厚み・大きさを揃えておくと火の通りが均一になる。

2 鶏肉を菜箸でときどき返しながら3分ほど煮る

［中火］

鶏肉は菜箸で押してみて、プリッとなったらOK。卵をボウルに割りざっくりと溶いておく

3 鶏肉に火が通ったら溶き卵を中心から外に向けて回しかける

［中火］

卵は菜箸で鶏肉と玉ねぎの間に行き渡らせる。ふたをして半熟状態で火を止め30秒ほど蒸らす。温かいごはんにのせ、三つ葉をちらす。

point 卵は長く火にかけているとすぐかたくなってしまうので注意。ある程度かたまったら余熱で火を通す。

2 フライパンひとつで今晩のおかず

ふわとろ～のコツをマスター
親子丼
調理時間 8分

プリプリ鶏肉と
ふわふわ卵の
絶妙コンビ!

フライパンで パスタ、麺

深めのフライパンなら、具沢山パスタや麺類もひとつでおまかせ！

具材やスープ（ソース）と一緒に煮込めるドライパスタや、味をどんどん足していきたい麺類などはまさにフライパン調理向き！　途中で全体を混ぜて火の通りが均一になるように心がけて。

具材を加えて煮込むだけで洋食屋さんの味！

魚介のうま味が溶け出す
シーフードのペンネグラタン

調理時間 15分

2 フライパンひとつで今晩のおかず

材料

(ちょっと多めのひとり分)

- シーフードミックス…80g
- 玉ねぎ…1/3個(60g)
  (繊維に沿って薄切り)
- しめじ…1/4パック(30g)
  (石づきを切り、小房に分ける)
- イタリアンパセリ…適量
- コンソメ顆粒…小さじ1

- ペンネ…80g
- ピザ用チーズ…30g

- A(ソース)
  水、牛乳、動物性生クリーム…各1/2カップ(100ml)
  薄力粉…大さじ1

1
予熱なしの冷たいフライパンに具材とパスタを入れる

[中火]

玉ねぎ、ペンネ、シーフードミックス、しめじの順に入れ、さらにコンソメ顆粒とAを加えてふたをし、火にかける。

2
3〜4分加熱し、沸騰したらふたを開けて混ぜる

[中火]

沸騰したら全体を木ベラでよく混ぜ、Aのソースがだまになるのを防ぐ。

3
ときどき混ぜながら10〜12分加熱し、火を止める

[弱火]

全体を混ぜたらピザ用チーズをちらし、再びふたをする。余熱でチーズが溶けたらでき上がり。イタリアンパセリをそえてどうぞ。

point
Aを混ぜるときは、小麦粉に水を少しずつ加えて小麦粉が溶けてから牛乳、生クリームを加えよく混ぜる。

039

材料

（ひとり分）

- 豚バラ薄切り肉…2枚
  （3cm幅に切る）
- チンゲン菜…1/2株（30g）
  （3cm長さに切る）
- にんじん…10g
  （3cm長さ・1cm幅の短冊切り）
- しいたけ…1枚
  （P66を参照し石づきを取り、薄切り）
- サラダ油…大さじ1
- 焼きそば用中華麺…1玉
  （電子レンジで30秒温め、ほぐす）
- **A**（調味料）
  水、しょうゆ、酒…各大さじ1
- ラー油…適量
- 鶏ガラスープの素…小さじ1/2

1

**フライパンを予熱し
サラダ油を温め、
豚肉を炒める**

［中火 🔥🔥🔥］

豚肉は色が変わるまで2～3分、菜箸でひっくり返しながら炒める。

point
ステンレスのフライパンは焦げつきやすいので十分に熱してから使う。

2

**にんじん、チンゲン菜、
しいたけを順に加え
炒める**

［中火 🔥🔥🔥］

豚肉の色が変わったら、火の通りにくい野菜から入れて2～3分炒める。

3

**中華麺を入れ、
鶏ガラスープを
加えてなじませる**

［強火 🔥🔥🔥］

なじんだらAを回しかけ、1～2分炒め合わせる。火を止めてラー油を入れ、全体を混ぜる。

point
中華麺はレンチンすることでほぐれて炒めやすくなり、調味料もからみやすくなる。

2 フライパンひとつで今晩のおかず

野菜たっぷり、おしょうゆ風味
上海風焼きそば
調理時間 7分

ラー油で
スパイシー♡
大人向け焼きそば

作りおきできる

調理時間　20分
保存期間　冷蔵で2日

材料

（作りやすい分量・できあがり量約500ml）

昆布…8g
（3×10cm×を2枚）
かつお節…10g
水…3カップ
（600ml）

1
昆布にキッチンばさみで切り込みを入れる

昆布は乾いた布巾でふいてから2〜3か所切り込みを入れておく。

2
水を入れた鍋に昆布を入れ、10分ほど置く

時間があれば30分〜1時間ほどつけおきするとさらに風味が出る。

3
弱火にかけ、沸騰する直前に昆布を取り出す

昆布はぐらぐら煮るとくさみやぬめりが出るので、沸騰直前に取り出す。

Q 昆布だけ、かつお節だけでもだしは取れる？

A もちろんです。昆布は沸騰前に取り出し、かつお節は沸騰したら入れてこすという基本の取り方は変わりません。昆布だけのだしは上品でやさしいプロの味。鍋や湯豆腐など素材の味や香りを生かしたお料理に最適です。かつおだしは風味しっかり。味噌汁やおでんつゆ、麺のつけつゆなどに向いています。

Q どんなレシピに使える？

A 和食ならなんでもOK！
本書ではこんなレシピで使用しています。

筑前煮 ▶▶▶ P.32	肉豆腐 ▶▶▶ P.74
牛丼 ▶▶▶ P.34	豚汁 ▶▶▶ P.77
親子丼 ▶▶▶ P.36	肉じゃが ▶▶▶ P.78

だしの取り方

2 フライパンひとつで今晩のおかず

お味噌汁でも煮物でも、だしを取って作るだけでその味は格段にアップ！もっとも基本となる昆布とかつおぶしで取る「一番だし」をご紹介します。

4
沸騰し始めたらかつお節を一気に入れる

弱火で2分ほど加熱したら、火を止める。

5
3分ほど置き、かつお節が落ち着くのを待つ

火を止めた後でかつお節が沈んだら、だしを取るタイミング。

6
ザルとボウルを用意し、静かにだしをこす

ザルに濡らしてかたく絞ったクッキングペーパーをしき、下にボウルを置く。

7
残ったかつお節は絞らず二番だしへ回す

かつお節を絞ってしまうとくさみが出るので、残りは再度火にかけて二番だしに。

point
クッキングペーパーが乾いているとだしを吸い取ってしまうので、必ず濡らしてよく絞ること。

Q 他にも知りたい！ だしの活用法

A

だしうどん
①鍋にだし300ml、しょうゆ小さじ2、砂糖小さじ1/2、塩ひとつまみを入れ火にかけ、うどんだしを作る。
②うどんひと玉をゆでて器に入れ、①のだしを注ぐ。かまぼこ、わかめ、揚げ玉、万能ねぎを適量トッピングし、七味唐辛子をかける。

タイ茶漬け
①鍋にだし200ml、酒大さじ1/2、しょうゆ小さじ1を入れ火にかけ、沸騰したら塩ひとつまみを入れ、味をととのえる。
②茶碗にごはんをよそい、刺身用タイの切り身を数枚のせて①をかける。三つ葉、白ごま、きざみ海苔をトッピングする。

たけのことわかめのお吸い物
鍋にだし200ml、しょうゆ小さじ1/3、たけのこの水煮のスライス2枚、塩抜きして食べやすい大きさにカットしたわかめ適量を入れ、沸騰したら火を弱め、塩適量で味をととのえる。

定番からの
アレンジ力も高め惣菜

まとめて作るから
経済的

PART 3

流行の
作りおきに
挑戦

週末に一気に作ってしまえば、毎日の晩ごはんや、慌ただしい
朝のお弁当作りにも活躍してくれる作りおきのおかず。簡単な
うえに、アレンジもできちゃうから、覚えておいて損はナシ!

P046～049

冷蔵庫で保存できる長持ち系おかず

- 濃いめ味がごはんに合う！ 牛肉しぐれ煮
- 和惣菜の入門メニュー！ 切り干し大根
- バルサミコ風味がおしゃれ 洋風きんぴら

P050～057

使い回しできるアレンジおかず

- やさしい味つけだから、アレンジ自在 鶏塩そぼろ
- ほくほくかぼちゃと、アツアツあんが好相性♪ かぼちゃのそぼろあん
- 4種の野菜＋そぼろのヘルシーカレー キーマカレー
- 簡単なのに本格的、アレンジバリエ無限大！ ゆで豚
- 棒々鶏風でヘルシーな満腹サラダ ゆで豚のごまだれソース
- 油を使わないから低カロリーが叶う！ 揚げないトンカツ

P058～061

ひとさじでいつものメニューがレベルUP魔法のたれ

- うま味がたっぷり 玉ねぎとセロリの塩だれ
- 塩だれ×トマトは相性抜群！ トマトとツナのサラダ
- 簡単なのに手の込んだ味 白身魚の包み焼き
- 甘塩っぱさがやみつき はちみつ味噌だれ
- たれを使った甘みとコクが絶妙 回鍋肉
- 豆乳×味噌のやさしい味わい さといもの味噌グラタン

長持ち系おかず

冷蔵庫で保存できる定番の和風おかず

おふくろの味的なおかずは、日持ちがするのでたっぷり作って冷蔵保存をしておくと便利。お弁当に入れたり、夜ごはんのおともにもぴったりです。

濃いめ味がごはんに合う！
牛肉しぐれ煮
調理時間 18分

[保存期間]
冷蔵で **約5日**

材料
（2〜3回食べられるぐらい）

- 牛切り落とし肉…**200g**（2〜3cmに切る）
- **A**（調味料）
  - 酒、しょうゆ
  - みりん…各大さじ2
  - 砂糖…大さじ1
- しょうが…1かけ（千切り）

> 3 流行の作りおきに挑戦

うま味がギュッと
しみこんだしっかり味の
牛肉がたまらない

1 鍋にAを入れて温め ひと煮立ちさせる
［中火］

中火に2〜3分かけると沸騰するので、そこから30秒程度が「ひと煮立ち」の目安。

2 牛肉としょうがを加え 落としぶたをして煮る
［中火］

鍋よりもひとまわり小さい「落としぶた」をする。煮くずれを防ぎ、味がしみこみやすくなる。

3 弱火で10分煮たら落としぶたを取り ときどき混ぜながら煮つめる
［弱火］

煮汁が鍋底にうっすら残る程度になるまで煮つめる。

point
しっかりと煮つめることで味が定着し、保存性が高まる。

047

和惣菜の入門メニュー！
切り干し大根

調理時間 15分

[保存期間] 冷蔵で約5日

材料
（2〜3回食べられるくらい）

- 切り干し大根…20g
  （P65を参照に下ごしらえし、戻し汁はとっておく）
- にんじん…1/4本（30g）
  （短冊切り）
- 干ししいたけ…1枚
  （P67を参照して下ごしらえし、戻し汁はとっておく。粗熱が取れたら、細切りにする）
- 油揚げ…1/2枚
  （熱湯をかけて油抜きし、短冊切り）
- しょうゆ…大さじ1
- A（調味料）
  - 砂糖…大さじ1
  - みりん、酒…各大さじ1/2
- ごま油…小さじ1

ごはんにもお酒のおつまみにもなるお惣菜の定番

1
予熱後にごま油を入れて温め、具材を入れ、全体に油がまわるまで2分炒める
［中火］

事前に干ししいたけの戻し汁に、切り干し大根の戻し汁を足して、200mlを計量しておく。

2
戻し汁とAを加えてひと煮立ち。落としぶたをして中火で3分煮る
［中火→弱火］

point
干ししいたけと切り干し大根の戻し汁はうま味が凝縮されているので、捨てずに使うこと。

しょうゆを加え再び落としぶたをしたら、弱火にしてやわらかくなるまで煮る。火を止め、10分蒸らす。

3 流行の作りおきに挑戦

洋風きんぴら
バルサミコ風味がおしゃれ

[保存期間] 冷蔵で約5日

調理時間 5分

材料
（2～3回食べられるくらい）

- にんじん…1/4本（30g）（細切り）
- ごぼう…1/4本（50g）（P65を参照にささがきにし、あくを抜く）
- 黄パプリカ…1/4個（45g）（細切り）
- れんこん…小1/2節（40g）（2mm幅の半月切り）
- ピーマン…1個（30g）（細切り）
- ベーコン…40g（拍子木切り）
- A（調味料）
  - バルサミコ酢…大さじ2
  - しょうゆ…小さじ2
  - 砂糖、みりん…各小さじ1
- 赤唐辛子の輪切り…5個
- 白ごま…小さじ1
- ごま油…小さじ1

ベーコン&バルサミコ酢で定番のきんぴらが洋風に変身!

1 ごま油と赤唐辛子を入れて弱火で30秒炒め、ベーコンを加える
[弱火～中火]

ベーコンは中火で1分サッと炒める。焦げないように注意して。

2 根菜を加えて炒め、最後にピーマン、黄パプリカを加え炒める
[中火]

point
パプリカ、ピーマンは火が通りやすいので最後に炒めること!

それぞれ中火で1分ほど軽めに炒め合わせればOK。

3 Aを合わせて回し入れ、汁気がなくなるまで炒める
[中火]

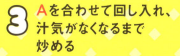

2分ほど炒めたら火を止め、最後に白ごまをふって完成。

049

アレンジおかず

ひと手間プラスでいろんな味が楽しめる

ベースとなるおかずを作りおきしておけば、ちょこっと手を加えるだけで、立派に別のおかずに変身！ひとつで何度もおいしいのがうれしい！

やさしい味つけだからアレンジ自在
鶏塩そぼろ

調理時間 6分

[保存期間] 冷蔵で **約4日**

材料

（作りやすい分量・できあがり量240g）

- 鶏ひき肉 …300g
- **A**（調味料）
  - 酒…大さじ2
  - みりん…大さじ1
  - 塩…小さじ1/2
  - チューブしょうが…4cm分

ほんのり感じる
しょうがの香りが
食欲をそそる！

1 フライパンにひき肉とAを入れ、火にかける
[中火🔥🔥]

中火からスタートして、沸騰しないように注意して。

2 ひき肉がポロポロになるように、菜箸で混ぜながら炒める
[中火🔥🔥]

ひき肉が固まり始めたら混ぜる手を少し早めて、だまにならないようにしっかり混ぜる。

3 汁気がなくなるまで様子を見ながら強火で火を通す
[強火🔥🔥🔥]

焦げつかないよう汁気を確認しながら混ぜ炒める。パラッとしたら完成。

point
いろいろな料理にアレンジができるようにシンプルな味つけに。

アレンジおかず

ほくほくかぼちゃと、
アツアツあんが好相性♪

かぼちゃの そぼろあん

調理時間 6分

1 耐熱容器に**かぼちゃ**と**鶏塩そぼろ**、**A**を入れて混ぜる

2 ラップをし、電子レンジで**かぼちゃ**が柔らかくなるまで5分ほど加熱

3 **水溶き片栗粉**を加え、再び電子レンジでとろみがつくまで30秒ほど加熱

point
水溶き片栗粉を入れた後もラップをして加熱すること。加熱後はさっと混ぜてとろみを均一になじませる。

材料
（ちょっと多めのひとり分）

コレを活用！

鶏塩そぼろ（P50）…30g

＋

かぼちゃ…1/8個（200g）
（P65を参照して下ごしらえし、3cmの角切り）

しょうが…1/2かけ（千切りにする）

A（調味料）
水…1/4カップ（50ml）
酒…小さじ2　砂糖…小さじ4
しょうゆ、みりん…各小さじ2

片栗粉…小さじ1/2
（水小さじ1を加え混ぜ、水溶き片栗粉を作る）

鶏塩そぼろを活用！

4種の野菜＋そぼろのヘルシーカレー

キーマカレー

調理時間 9分

point

野菜を全て細かく切ることで、早く火が通り時間調整が可能に。

1 予熱しサラダ油を温める。
玉ねぎ、にんじん、なすを炒める
[中火 🔥🔥🔥]

2 1をしんなりするまで炒めた後に**トマト**と**鶏塩そぼろ**を加える
[弱火 🔥🔥🔥]

3 水を加えてひと煮立ちさせ、火を止める。**カレールウ**を加えて混ぜ、軽く煮込む
[中火 🔥🔥🔥]

材料

（ひとり分）

コレを活用！

鶏塩そぼろ（P50）…60g

＋

- たまねぎ…1/4個（15g）（みじん切り）
- にんじん…1/4本（40g）（粗みじん切り）
- なす…1本（60g）（1cmの角切りにし、水に5分さらし、水気をきる）
- トマト…1/2個（100g）（1cmの角切り）
- 水…1/2カップ（100ml）
- カレールウ…1皿分（細かく切る）
- サラダ油…小さじ2
- ごはん…適量

3 流行の作りおきに挑戦

簡単なのに本格的、
アレンジバリエは
無限大!

ゆで豚

調理時間 60分

[保存期間]
冷蔵で
約5日
(スープストックは
冷蔵3日)

材料

(作りやすい分量)

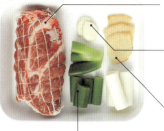

- 豚肩ロース塊…500g
  (塩小さじ1を全体に
  すりこみ10分置く)
- にんにく…1かけ
  (P67を参照して芽を取り、
  包丁の腹でつぶす)
- しょうが…1かけ
  (皮つきのまま薄切り)
- 長ねぎ…1/2本(45g)
  (葉の部分も一緒に長さ3cmのぶつ切り)
- 酒…1/2カップ
  (100ml)
- 水…5カップ(1000ml)

あくとくさみを
しっかり取れば
プロ顔負けの仕上がり

3 流行の作りおきに挑戦

1 鍋に豚肉を入れかぶるぐらいの水（分量外）を入れて火にかける

[強火→中火 🔥🔥🔥]

最初は強火で、沸騰したら中火で5分煮る。湯を捨てて豚肉を水で洗い、あくとくさみを取る。

2 洗った鍋に再び全ての材料を入れ、火にかける

[強火→弱火 🔥🔥🔥]

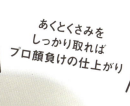

強火で火にかけ、沸騰したら弱火にし、ふたをして40分煮る。

point

竹串をさしスーッと通ったらでき上がり。取り出してそのまま冷まし、密閉容器などに入れ冷蔵庫で保存する。

アレンジおかず

棒々鶏風でヘルシーな満腹サラダ

ゆで豚のごまだれソース

調理時間 5分

point

ごまだれは一度に調味料を入れず、順番に混ぜ溶かしながら入れると、むらなく仕上がる。

1 ボウルにA入れてよく混ぜ、Bを加え、よく混ぜる

2 長ねぎ、しょうがを加え、ごまだれの完成。器にきゅうりをしく

3 ゆで豚とミニトマトをのせて、仕上げにごまだれをかける

材料

（ひとり分）

 コレを活用！

ゆで豚(P54)
…80g（薄くスライス）

＋

きゅうり…1/2本（50g）（千切り）
ミニトマト…2個（輪切り）
長ねぎ…2g（みじん切り）
しょうが…1g弱（みじん切り）

A（調味料）
砂糖小さじ…1/2
酢、ゆで汁…各小さじ1/4

B（調味料）
しょうゆ…小さじ1
白練りごま…大さじ1/2
ラー油…少々

ゆで豚を活用!

油を使わないから低カロリーが叶う!
揚げないトンカツ

調理時間 10分

point
パン粉をバターで炒めるときは、焦がさないように注意。きつね色になるまでやや弱めの火でじっくり炒める。

1 予熱したフライパンに**バター**と**パン粉**を入れて炒める
[弱火]

2 **豚肉**に**小麦粉、溶き卵、パン粉**の順に衣をつける

3 トースターに**2**を入れ、表面が濃いきつね色になるまで焼く

材料
(ひとり分)

コレを活用!

ゆで豚(P54)…2枚
(厚さ2cmに切り、塩こしょう少々をふる)

+

キャベツ…1枚(50g)
(千切り)
ミニトマト…1個
小麦粉…適量
溶き卵…1/2個分
パン粉…1/4カップ
バター…5g
レモン…輪切り1/2枚
トンカツソース…適量

魔法のたれ

ひとさじでいつもの メニューがレベルUP

簡単に作れるのに、いつものメニューにプラスするだけで一気においしさが増す魔法のたれは、いつでも冷蔵庫に常備しておきたい！

1 玉ねぎとセロリをおろし器でそれぞれすりおろす

玉ねぎは皮をむき、セロリはぶつ切りにしておく。手を切らないように注意して。

2 密閉容器に1、レモン汁、塩を入れてよく混ぜ、冷蔵庫で保存を

密閉容器はガラス製のものを煮沸してから使用すると、雑菌が入らず長持ちする。

魔法のたれ 玉ねぎとセロリの塩だれを 活用！

塩だれ×トマトは相性抜群！

トマトとツナのサラダ

調理時間 5分

材料（ひとり分）

- 玉ねぎとセロリの塩だれ…小さじ1 ＋ コレを活用！
- トマト中…1個（200g）（くし形切り）
- ツナ缶…小1缶
- A（調味料）
  - 粒マスタード、砂糖…各小さじ1/2
  - 酢…小さじ2
- オリーブオイル…大さじ1
- イタリアンパセリ…適量

1 塩だれとAをボウルに入れよく混ぜ、オリーブオイルを少しずつ加える

2 トマト、油をきったツナを入れて和えてから器に盛る

3 流行の作りおきに挑戦

うま味がたっぷり 玉ねぎとセロリの塩だれ

[保存期間] 冷蔵で **約2週間**（冷凍約1カ月）

調理時間 5分

レモンと塩のシンプルな味つけはマルチに活躍

材料
（作りやすい分量・でき上がり量300g）

- レモン汁…1/2個分
- 塩…大さじ2
- 玉ねぎ…1個（160g）
- セロリ…1本（100g）（筋を取る）

簡単なのに手の込んだ味 白身魚の包み焼き

調理時間 10分

材料
（ひとり分）

- 玉ねぎとセロリの塩だれ…小さじ1 コレを活用！
- ＋
- 生ダラ（甘塩）…1切れ（3等分に切る）
- 赤パプリカ…1/6個（30g）（4枚の薄切りにし、斜め半分に切る）
- ズッキーニ…1/4本（50g）（薄い輪切り）
- 白ワイン…大さじ1　バター…5g（ちぎる）

1 正方形のクッキングシートの中央に**材料を並べる**

3等分にした生タラとズッキーニを交互に並べる。赤パプリカは周りにちらす。

2 クッキングシートで包み、**塩だれ**と**白ワイン**、**バター**を入れる

調味料がこぼれないように、包みの中央を少し開いてかける。

3 シートの手前と奥の端を重ねてとじ、フライパンで焼く

[中火弱]

包みを冷たいフライパンにのせ、ふたをして中火弱で8分焼く。

野菜やおにぎりにつけるだけでも抜群のおいしさ!

[保存期間] 冷蔵で **約1カ月**

甘塩っぱさがやみつき
はちみつ味噌だれ

調理時間 10分

材料
（作りやすい分量・でき上がり量100g）

- 味噌 …100g
- はちみつ …大さじ3
- 酒 …大さじ3

1 鍋に味噌、はちみつ、酒を入れ、よく混ぜてから火にかける
[中火]

ゴムベラで材料が片寄らないように混ぜながら3〜4分加熱する。

2 煮立ってきたら弱火にし、焦がさないように煮つめる
[弱火]

焦がさないように鍋底からかき混ぜて、とろみが出るまで煮つめる。

point
粗熱を取ってから、煮沸消毒した瓶などの保存容器にうつして保存する。

魔法のたれ はちみつ味噌だれを活用!

たれを使った甘みとコクが絶妙 回鍋肉
調理時間 6分

材料（ひとり分）
コレを活用!
- はちみつ味噌だれ…大さじ1
- 豚バラ薄切り肉…60g（4cm幅に切る）
- キャベツ…2枚（100g）（芯は3cmのそぎ切り、葉の部分は4〜5cmのざく切り）
- チューブにんにく…2cm分
- ごま油…小さじ1

1. **ごま油**と**にんにく**を弱火で炒めたら、**豚肉**を入れ中火で炒める
 [弱火→中火 🔥🔥🔥]
2. **キャベツの芯に近い部分、葉**の順に入れて炒める
 [中火 🔥🔥🔥]
3. 火を止めて**味噌だれ**を加え、中火で炒め合わせる
 [中火 🔥🔥🔥]

point
30秒〜1分炒めて芯に近い部分に火が通ってから葉の部分を入れると、歯ごたえよく仕上がる。

豆乳×味噌のやさしい味わい さといもの味噌グラタン
調理時間 8分

材料（ひとり分）
コレを活用!
- はちみつ味噌だれ…小さじ2
- さといも…中3個（150g）（P66を参照し加熱してから皮をむき、小さめの乱切り）
- ピザ用チーズ…20g
- 豆乳…大さじ3
- 粉パセリ…少々

1. **味噌だれ**と**豆乳**をボウルに入れてよく混ぜ、**さといも**を加える
2. **さといも**を**たれ**にからめ、耐熱皿に入れ、**ピザ用チーズ**をちらす
3. トースターで焼き色がつくまで焼き、**粉パセリ**をふる

point
さといもはレンジで加熱をすると、皮がむきやすくなる

Convenience book

食材の切り方と下ごしらえ便利帳

切り方編 　番外編 　下ごしらえ編

切り方編

001 いちょう切り

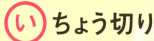

根菜など丸い野菜を縦に4等分し、端から厚みを揃えるように切る。形がいちょうの葉っぱに似ているから、いちょう切り。

002 薄切り

幅1〜2mm程度に薄く切るのが薄切り。大抵の野菜は縦半分に切り、切り口を下にして端から薄く切っていく。焦らずゆっくり丁寧に、がコツ。

003 角切り

四角いキューブ状にする。端から均等に切り棒状にし（2cmの角切りなら2cm幅）、再度、端から一定の幅に切ります。

004 斜め切り

食材に対して斜めに包丁を入れ、厚みを揃えて切っていくのが斜め切り。さらに薄く切る場合を斜め薄切りという。細長い野菜向き。

005 くし形切り

玉ねぎやトマトなど球状や長円形のものをくしの形にする切り方。縦半分に切ってから、切り口を下にして、中心から3〜4個、放射状に切ります。

006 小口切り

きゅうりや長ねぎ類など丸く細長い野菜を端から厚みを揃えて切る方法。端のことを「小口」ということからこの名が。

3 流行の作りおきに挑戦

007 ざく切り

キャベツや水菜、小松菜などの葉野菜を3〜4cmくらいの幅でおおよそで揃えて切る切り方。ざっくり切るから、ざく切り。

008 千切り

野菜を1〜2mm幅に細く切ること。薄切りにしたものを重ねて端から細く切るやり方が主。細切りよりもさらに細いもののことです。

009 短冊切り

小さな短冊のように薄い長方形に切る切り方。4〜5cmの幅に切り分けたものを1cmほどの板状に切り、さらにそれを薄切りします。

010 半月切り

その名の通り、半月の形に似ていることからこの名前に。根菜を縦半分に割るように切ってから、切り口を下にして端から切っていきます。

011 ひと口大に切る

一度に口に入れたときに食べやすく、おいしく食べられる大きさが、ひと口大。3cm四方が目安になります。

012 拍子木切り

"火の用心"を言う時に打つ拍子木のように、四角柱にする切り方。1cm四方くらいが目安。野菜はもちろん、ベーコンブロックなどにも使います。

013 ぶつ切り

あまり見た目にこだわらずに、適当な長さや大きさにぶつぶつ切ること。肉や魚のほか、長ねぎに使われることが多いです。

014 細切り

薄切りした食材を端から細く切ります。千切りよりは太く、幅は3〜5mm程度。炒め物など食感を大切にしたい料理に。

015 みじん切り

1〜2mm角ほどにとても細かく切ること（写真右）。少し大き目の歯ごたえのあるみじん切りは、粗みじんという（写真左）。

016 乱切り

材料を回しながら斜めに包丁を入れ不規則な形にする切り方。形は不規則でも大きさは揃えること。キッチンばさみでカットしても◎。

017 リボン状にスライス

長い野菜を飾り切りしたいときに、便利なのがピーラー。上から下にうすーくスライスするだけで、リボン状にくるんと丸まります。

018 輪切り

切り口の丸い野菜や果物、ゆで卵やソーセージなどを、端から切ってそのまま円形（輪）にする。厚さは料理によります。

番外編

019 玉ねぎの繊維

繊維に沿う
繊維に対して直角

知っておきたい玉ねぎの繊維

繊維に沿って切ると口の中に残りやすく、繊維を断ち切る（直角に切る）となめらかな食感に。食感を残したいものと、とろけさせて甘みを出したいもの。料理によって切り方を変えて。

下ごしらえ編

020 アサリ

海の中を思い出させて砂を十分に吐かせる

アサリは暗いところで落ち着かせてあげると顔を出し、砂を吐きます。バットに塩水を張り（水500ccに塩大さじ1程度）アサリを入れたら空気が少し入るようにアルミホイルでふたをし、1時間ほど放置を。その後殻と殻を擦り合わせてよく洗います。

021 アボカド

種に包丁を当てながら一周切れ目を入れる

種に当たるまで包丁を入れ、縦にぐるりと一周切れ目を入れます。その後、両手できゅっとひねると簡単にふたつに割れます。種は大きなスプーンですくい取りましょう。

3 流行の作りおきに挑戦

022 **かぼちゃ**

煮崩れを防ぐ「面取り」をお忘れなく

かぼちゃの種とわたは、大きめのスプーンでかき取るようにするだけで簡単に取れます。洗って適当なサイズに切ったらところどころ皮をむき、角の部分を包丁で削ぎ落とし、面取りを。ピーラーを使ってもOKです。

023 **さやえんどうとセロリ**

口当たりを邪魔する繊維はきっちり取る

さやえんどうはヘタを折り、抜きながらやさしく引っ張ると自然に取れます。セロリは筋のかたい方に包丁の角を入れ、手前に持ち上げて引っ張ります。

024 **キャベツ**

芯の部分もそぎ切りにして、食べる

芯は葉っぱから切り離し、包丁を上から下へ、そぐように動かす「そぎ切り」をして薄くカットしましょう。具材にしてもよし、漬物にしてもよし。

025 **切り干し大根**

戻す前にさっと洗う、がポイント!

水で軽くもみ洗いし、汚れとくさみを落とします。ボウルなどにたっぷりの水(3倍以上)を張り、15〜20分ほど戻します。

026 **ごぼう**

切ったあとはすぐ水につけ、あくを抜く

皮と実の間にうま味があるので、皮は薄くむきます。新鮮なものはたわしでこするくらいでOK。十字に切れ目を入れてピーラーでスライスすればなんちゃってささがきのでき上がり!5〜10分くらいを目安に水につけましょう。この時、酢水につけると色が白く仕上がります。

027 **こんにゃく**

スプーンですくい取って味をしみやすく

スプーンですくい取る前に、こんにゃくに含まれる水分を抜いて、あくやくさみを外に出します。塩をもみ込んでからしばらくおいて余分な水分を出してからさっとゆでます。

065

028 さといも

レンジ加熱で簡単に下処理可能!

よく洗って泥を落としたさといもを耐熱皿にのせ、ふんわりとラップして6〜8分加熱。その後冷水に取り、皮がやぶれたところを指でつまめばスルリと皮がむけます。

029 しいたけ

生しいたけの石づきは手ではがすように取る

片手で傘を、もう片手で石づきを持ち、石づきを斜め上にはがすように引き上げながら、一周します。徐々に傘から離れてくるので、最後はぽこっと引っ張ります。

030 じゃがいも

黒ずみ防止のために10分程度水にさらす

あくが出て黒ずんでくるので、たっぷりの水に10分程度さらす。同時に表面の余計なでんぷんも取れて一石二鳥。煮物を作る場合、さらしすぎるとほくほく感が減るので注意を。

031 魚

皮ちぢみを防ぐため切れ目を入れる

ウロコと内臓が取ってある下処理済みの魚を買いましょう。水気を取ったら何か所か切れ目を入れておくと、皮が破れにくくなり、身に味がしみやすくなります。切り身も同じように。

032 豆腐

レンジを使えば水切りも手早くできる

キッチンペーパーで箱を包むように豆腐を包み、耐熱皿にのせてラップをせずに1〜2分加熱します。このひと手間で、豆腐料理が水っぽくならず味がしっかり入ります。

033 鶏ささみ肉

口の中に残るかた〜い筋、必ず取って

先端に切れ目を入れ、筋の先を指でつまみやすくします。片手で筋を持ち、もう片方の手で包丁をまな板に押し当てるようにしながら、身をこそげると、ほらこの通り。

3 流行の作りおきに挑戦

034 鶏ムネ肉

観音開きにして厚みを揃える

洗って水分をよく取ります。ムネ肉の中央に半分くらいの深さまで切り込みを入れ、包丁を水平に寝かせるようにして、開きます。反対も同じように開くと、厚さが均一になります。

035 にんにく

真ん中の芽を取り包丁でつぶす

中の芽は刺激と匂いが強く、また焦げやすいので調理前に取り除きます。半分にカットして包丁の角を引っ掛けて引き出すと簡単。まな板と包丁で挟んでつぶすと香りが立ちやすくなります。

036 ブロッコリー その1

使いやすいように小房に分ける

よく洗い、太い茎をカットします。さらに枝分かれしている小さな茎に包丁を入れ、適当な大きさに切り分けて使います。茎の部分も食べられます。皮を厚めにむき、スライスしましょう。

037 ブロッコリー その2

小房に分けてさらに、のひと技

ブロッコリーをさらに小さく切る場合、頭から包丁を入れていませんか？ こうするとバラバラとほどけてしまうので気をつけて。茎の部分に切れ目を入れ、手でさきましょう。

038 干ししいたけ

同量の水で戻すと風味が濃厚に！

かる〜く流水で洗った干ししいたけを耐熱容器に入れ、「同じ分量の水」を加えます。この時、傘が水に浸るように。ラップを水と干ししいたけに密着させてかぶせ、1分（1枚の場合）加熱します。

039 もやし

取ると取らないとでは、味の差がすごい

ヒョロヒョロひげ根、ここを取るだけで口当たりが格段に良くなるので面倒くさがらずに是非。つけ根を指で持ち、爪でポキっと折り取ります。取ったら少しの間水に放っておくとシャキっとした食感に。

067

食材を賢く
使いまわし！

PART 4

コスパGOOD
な
食材レシピ

覚えておきたいのが、お給料前のピンチにも役立つ、お財布
にやさしい野菜やお肉を活用したレシピ。ひとつで4つのメ
ニューに変身するコスパGOOD食材を5つ、エントリーしました。

家計も
助かる

\ エントリーNo.1 /

P 070 ～ 073

もやし　お値打ち食材の代表格！

冷めてもおいしい！
もやしの肉巻き

やさしい酢っぱさがあとを引く
もやしと鶏ささみ肉のさっぱり梅和え

ごま油がアクセント
もやしナムル

ほっとやさしい味わい
もやしと卵のとろとろスープ

\ エントリーNo.2 /

P 074 ～ 077

豚こま肉　豚のおいしい部位寄せ集め！

つゆだくでいただくのがおすすめ
肉豆腐

ほくほくおいしい洋風煮豆
ポークビーンズ

ふつうの春雨でもおいしい♡
チャプチェ

根菜たっぷりでうま味がギュッ
豚汁

\ エントリーNo.3 /

P 078 ～ 081

じゃがいも　日持ち＆腹持ち野菜！

家庭料理の代表格！
肉じゃが

シャキシャキ食感がくせになる！
きゅうりとじゃがいものサラダ

ゆで卵入りの懐かしの味
ポテトサラダ

これひとつでお腹いっぱい！
スパニッシュオムレツ

\ エントリーNo.4 /

P 082 ～ 085

白菜　葉っぱから芯まで余すところなく使える

パリパリ食感がやみつきに！
羽根つき餃子

甘みがしみわたる
白菜とベーコンのコーンクリームスープ

ドレッシングと相性抜群
焼き白菜のシーザーサラダ

酸っぱ辛さがあとを引く
白菜のピクルス

\ エントリーNo.5 /

P 086 ～ 089

鶏ムネ肉　低カロリーでヘルシー

ホワイトソースなしで簡単
チキンクリームシチュー

蒸して焼くから時短調理が可能
蒸し焼き鶏ハム

やわらか、ジューシー♪
塩麹からあげ

コスパGOOD な食材

エントリーNo.1

もやし

お値打ち食材の代表格・もやし。実はビタミンCにカリウム、アスパラギン酸に食物繊維と栄養価の高いお利口野菜なのです。

たっぷり入ったもやしのシャキシャキ食感が、絶品。生のまま巻くのがポイント。

調理時間 7分

冷めてもおいしい！
もやしの肉巻き

材料

（ちょっと多めのひとり分）

- 豚バラ薄切り肉…3枚（90g）
- もやし…1/4袋（60g）（P67を参照しひげ根を取る。3等分し、巻きやすいように束にする）
- 塩、こしょう…各少々
- 小麦粉…小さじ1
- サラダ油…小さじ1

A（調味料）
- しょうゆ、酒、みりん…各小さじ1
- 砂糖…小さじ1/2
- パセリ…適量
- ミニトマト…1個（半分に切る）

1

豚バラ薄切り肉1枚にもやし1束をのせ、塩、こしょうを各少々ふる

point
巻く前に塩、こしょうをして、中のもやしにも味をつけておく。肉に小麦粉をまぶすとたれがからみやすくなるので忘れずに。

端から肉でもやしを包むように斜めに巻き、小麦粉を薄くまぶす。残り2個も同様に作る。

2

フライパンを熱しサラダ油を温め、肉の巻き終わりを下にして焼く

[中火]

焼き色がついたら裏返し、ふたをして中火で1～2分蒸し焼きにする。

3

一度火を止めフライパンの余分な脂をキッチンペーパーでふき取る

[中火→弱火]

Aを入れて火をつけ、肉を転がしながら中火で1分→弱火で30秒ほど加熱し、たれと肉を煮からめる。

調理時間 3分

ごま油がアクセント
もやしナムル

材料

（ちょっと多めのひとり分）

もやし…1/2袋（125g）
（P67を参照しひげ根をとる）

A（調味料）
- ごま油…大さじ1/2
- チューブにんにく…1cm分
- 塩…ひとつまみ
- しょうゆ…小さじ1/4
- 白いりごま…大さじ1

> シンプルに
> もやしだけ、で
> 箸が止まらぬおいしさ

 1 鍋にもやしがかぶるくらいの水（分量外）を入れて強火にかける

[強火 🔥🔥🔥]

ひと煮立ちしたらさっと混ぜて火を止め、ザルにあげて水気をきる。粗熱が取れたら水気をしっかり絞る。

 2 Aをボウルに入れてよく混ぜ、1のもやしを加えて和える

もやしは水からゆでることでシャキッとした食感になる。また、水気をしっかりきらないと水っぽく、味も薄くなるので注意。

> ささみは
> レンチンして
> 蒸し汁につけると
> しっとり

調理時間 4分

やさしい酢っぱさがあとを引く
もやしと鶏ささみ肉の
さっぱり梅和え

4 コスパGOODな食材レシピ

調理時間 3分

ほっとやさしい味わい
もやしと卵のとろとろスープ

ごま油の風味が効いた、とろりあったか中華風スープ

材料（ひとり分）

- もやし…1/4袋（60g）（P67を参照しひげ根を取る）
- にんじん…1/8本（15g）（短冊切り）
- 溶き卵…1個分
- **A（調味料）**
  - 鶏ガラスープの素…大さじ1/2
  - 水…1と1/4カップ（250ml）
  - 塩、こしょう…各少々
- 片栗粉…小さじ1（水小さじ2を加え混ぜ、水溶き片栗粉を作る）
- 万能ねぎ…適量（小口切り）
- ごま油…小さじ1

1 もやしとにんじん、Aを鍋に入れ強火でひと煮立ちさせる
[強火→中火 🔥🔥🔥]

ひと煮立ちしたら中火にして1～2分加熱。水溶き片栗粉を加え混ぜ、とろみをつける。

2 卵を加えて大きく混ぜ、卵が浮いてきたら火を止める
[中火 🔥🔥🔥]

だいたい30秒くらいが目安。器に盛って万能ねぎをのせ、ごま油を回しかける。

point
卵はとろみがついた熱々のスープに一気に入れると、ふわっと仕上がる。

 →

材料（ひとり分）

- もやし…1/2袋（125g）（P67を参照しひげ根を取る）
- ささみ…1本（60g）（P66を参照し筋を取る。耐熱皿にのせ塩ひとつまみ、酒小さじ1/2をふる。ラップをふんわりかけ、火が通るまで電子レンジで50秒～1分ほど加熱。そのまま蒸らし、粗熱が取れたら3cmの長さに手でさいておく）
- 梅干し…中2個（種を除き、粗みじん切り）
- 塩麹…小さじ1　オリーブオイル…小さじ1
- 万能ねぎ…適量（小口切り）

1 鍋にもやしがかぶるくらいの水（分量外）を入れて強火にかける
[強火 🔥🔥🔥]

ひと煮立ちしたらさっと混ぜて火を止め、ザルにあげて水気をきる。粗熱が取れたら水気をしっかり絞る。

2 梅干しと塩麹、オリーブオイルを混ぜ、もやしとささみを和える

梅干しの分量は目安。塩気や大きさが様々なので、味見をしながら調整を。よく和えて器に盛り、万能ねぎをのせる。

コスパGOODな食材

エントリーNo.2
豚こま肉

豚こま肉＝豚のこま切れ肉。ロースやバラなどを成形するときに出る肉の切れ端のこと。いろんな部位が混ざっています。

調理時間 15分
（蒸らし時間込みの場合25分）

つゆだくでいただくのがおすすめ
肉豆腐

4 コスパGOODな食材レシピ

材料

（ちょっと多めのひとり分）

- 豚こま肉…60g
- 長ねぎ…1/3本（30g）（斜め切り）
- 木綿豆腐…1/2丁（P66を参照し、電子レンジで水気をきり、粗熱が取れたら4等分に切る）
- さやえんどう…2枚（P65を参照し筋を取り、斜め薄切り）

A〔調味料〕
だし（P42）…1/2カップ（100ml）　しょうゆ…小さじ4
みりん…小さじ2　酒…小さじ2　砂糖…小さじ2

ごはんにのせて
ほおばりたい、
味がしみこんだ
豚こま肉と豆腐

point
豆腐の水切りをしっかりしておくことで味が入りやすくなる。

1

**Aを鍋に入れて
強火でひと煮立ちさせ、
火を止める**

[強火 🔥🔥🔥]

火を止めたら豚こま肉と木綿豆腐、長ねぎを入れて再び強火にかける。

2

**あくを取り除いたら
落としぶたをし、
弱火で12分煮る**

[弱火 🔥🔥🔥]

最後にさやえんどうを加えて火を止め、ふたをして10分蒸らす。

075

[調理時間 5分]

ふつうの春雨でもおいしい♡
チャプチェ

韓国料理の大定番を手に入りやすい緑豆春雨で代用

材料
（ひとり分）

- 豚こま肉…80g
- 緑豆春雨…30g（熱湯で茹でて水気をきり、食べやすい長さにハサミで切る）
- ピーマン…1個（30g）（細切り）
- 赤パプリカ…1/6個（30g）（細切り）
- しいたけ…1枚（細切り）
- にんじん…1/6本（20g）（細切り）
- 塩…ひとつまみ
- ごま油…小さじ2
- 赤唐辛子の輪切り…5個

A（調味料）
- チューブにんにく…1cm分
- しょうゆ…大さじ1
- 砂糖…小さじ2
- 酒…大さじ1/2
- みりん…大さじ1/2

- 白いりごま…少々

point
火が通りやすい野菜は先に炒めて取り出し、肉を炒め終わったところで合わせるとシャキッとした食感に。

1 フライパンにごま油小さじ1と赤唐辛子を入れ弱火で炒める

[弱火→中火]

香りが出たらピーマンなどの具材を加え中火で1分ほど炒め、塩をふって取り出しておく。

2 フライパンにごま油小さじ1を足し、豚こま肉を中火で1〜2分炒める

[中火]

肉の色が変わったら春雨を加え、中火で30秒炒めてから1の具材を戻し入れ、Aを加えて中火で1分ほど炒め合わせる。よくからんだら器に盛り、白いりごまをふる。

[調理時間 15分]

ほくほくおいしい洋風煮豆
ポークビーンズ

缶詰を上手に利用して煮込みも簡単に！

076

4 コスパGOODな食材レシピ

調理時間 12分

根菜たっぷりでうま味がギュッ 豚汁

味噌を入れたら火加減に注意するのがコツ

材料（ちょっと多めのひとり分）

- 豚こま肉…50g
- ごま油…小さじ1
- さといも…小1個（30g）（5mm幅の輪切り）
- にんじん…1/6本（20g）（3mm幅の半月切り）
- 大根…1cm分（30g）（5mm幅のいちょう切り）
- ごぼう…5cm（15g）（P65を参照し斜め薄切りにし、あくを抜く）
- こんにゃく（あく抜き済み）…1/4枚（60g）（P65を参照し3cmの大きさにちぎる）
- 長ねぎ…3cm分（10g）（小口切り）
- だし（P42）…300ml
- 味噌…大さじ1と1/2

1 鍋にごま油を温め、豚こま肉を入れて色が変わるまで中火で1分炒める
[中火]
豚の色が変わったら長ねぎ以外の野菜とこんにゃくを加え、サッと1分ほど炒め合わせる。

2 だしを加えてひと煮立ちさせ、あくを取り除いたらふたをして煮る
[中火→弱火]
野菜がやわらかくなるまで弱火で8分煮る。味噌を溶き入れて弱火で1分温めたらでき上がり。器に盛って長ねぎをのせる。

point 味噌を入れた後に加熱しすぎると味噌の風味が損なわれるので、沸騰させないよう注意。

point 水煮した大豆を煮込むことで大豆を別に煮る時間が省け、簡単に作れる。

材料（ちょっと多めのひとり分）

- 豚こま肉…80g
- オリーブオイル…小さじ1
- チューブにんにく…1cm分
- 玉ねぎ…1/4個（40g）（1cmの角切り）
- セロリ…1/4本（25g）（1cmの角切り）
- にんじん…1/6本（20g）（8mmの角切り）
- 大豆（水煮）…50g

A（調味料）
- コンソメ顆粒…小さじ1/2
- トマト水煮缶…1/4缶（100g）
- 水…1/4カップ（50ml）
- ケチャップ…大さじ1/2
- 砂糖、塩…各ひとつまみ
- こしょう…少々
- イタリアンパセリ…適量

1 冷たい鍋にオリーブオイルとにんにくを入れ弱火で1分ほど炒める
[弱火→中火]
香りが出てきたら豚こま肉を加え、肉の色が変わるまで中火で1分炒める。

2 野菜と大豆を加えてしんなりするまで中火で2分ほど炒める
[中火]
炒まったらAを加えてひと煮立ちさせ、あくを取り除き、ふたをして弱めの中火で10分ほど煮る。砂糖と塩、こしょうで味を整える。

077

コスパGOODな食材

エントリーNo.3
じゃがいも

日持ちするのでストック食材としても優秀なじゃがいも。ビタミンCやカリウムなど栄養たっぷりな上に腹持ちもよし、といいことづくし。

調理時間 **22分**
（蒸らし時間込みの場合32分）

家庭料理の代表格!
肉じゃが

ほんのり甘めの味つけで野菜がたくさん食べられる

078

4 コスパGOODな食材レシピ

材料
（ちょっと多めのひとり分）

- 牛切り落とし肉…80g（5cm幅に切る）
- にんじん…1/4本（30g）（乱切り）
- じゃがいも…中2個（200g）（ひと口大に切り、水に5分さらして水気をきる）
- さやえんどう…2枚（P65を参照し筋を取り、斜めに半分に切る）
- 玉ねぎ…1/4個（40g）（くし形切り）
- サラダ油…小さじ1

A（調味料）
- だし（P42）…150ml
- 酒、砂糖…各大さじ1と1/2

B（調味料）
- しょうゆ…大さじ2と1/2
- みりん…小さじ2

1

鍋を予熱してサラダ油を温め、牛肉を加えて肉の色が変わるまで炒める

[中火 🔥🔥🔥]

じゃがいもと玉ねぎ、にんじんを加え、全体に油がまわるまで中火で1〜2分炒める。

2

Aを加えてひと煮立ちさせ、あくを取り除き、落としぶたとふたをして5分煮る

[中火→弱火 🔥🔥🔥]

5分煮たら落としぶたをはずしてBを加え、再び落としぶたをしてじゃがいもがやわらかくなるまで弱火で12分煮る。

point
煮えたら全体を混ぜてからさやえんどうを入れて火を止め、ふたをして10分蒸らす。

point
料理の"さしすせそ"の順に、先に砂糖で甘みを入れ、後からしょうゆを加えると味がしっかり入る。

調理時間 3分

ゆで卵入りの懐かしの味
ポテトサラダ

酸味を効かせて
さっぱり仕上げた
定番おかず

材料
（ちょっと多めのひとり分）

- じゃがいも…中2個（200g）（洗って1つずつラップで包み、電子レンジで竹串がすっと通るくらいまで4分ほど加熱。手で触れるくらいになるまで冷まし、皮をむく）
- きゅうり…1/3本（30g）（薄い輪切り。ボウルに入れて塩ひとつまみをもみ込んで5分ほど置き、水気を絞る）
- 玉ねぎ…1/6個（25g）（繊維に沿って薄切り。耐熱皿に広げてのせ、ラップをふんわりかけて電子レンジで20秒ほど加熱し、粗熱を取る）
- ハム…1枚（半分にカットして、細切り）
- 固ゆで卵…1個（P129を参照して作る。1～2cmの角切り）
- 塩、こしょう…各少々
- 酢…小さじ1/2
- マヨネーズ…大さじ2と1/2

1 ボウルに入れた じゃがいも に 塩 、こしょうをふり、フォークでつぶして 酢 を混ぜる

じゃがいもは丸ごと電子レンジで加熱することでほくほくに仕上がる。

2 きゅうり、玉ねぎ、ハム、マヨネーズ を加え混ぜる

まんべんなく混ざったら、最後にゆで卵を加えてさっと混ぜ合わせる。

調理時間 5分

シャキシャキ食感がくせになる!
きゅうりとじゃがいもの サラダ

じゃがいもの魅力は
ホクホクだけじゃ
ないんです♡

材料
（ちょっと多めのひとり分）

- じゃがいも…中2個（200g）（千切りにし、5分水にさらして、水気をきる）
- きゅうり…1/3本（30g）（じゃがいもと同じ長さの千切り）
- セロリ…1/4本（25g）（じゃがいもと同じ長さの千切り）
- 塩…ひとつまみ

A（ドレッシング）
- 酢…大さじ1　しょうゆ、ごま油…各大さじ1/2
- 砂糖…小さじ1　白いりごま…小さじ1

1 沸騰したお湯に じゃがいも を入れてゆでる

[強火→中火]

きゅうりとセロリは塩をもみ込み、しんなりするまで5分置いて水気を絞る。ボウルにAを混ぜ、じゃがいもときゅうり、セロリを加えて和える。白いりごまをふる。

point
じゃがいもは透明感が出るまで20秒ほど茹でて、水気をよくきる。

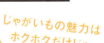

4 コスパGOODな食材レシピ

材料

（直径20cm1枚分）

- じゃがいも…中2個（200g）
  （半分に切り、薄切り）
- 玉ねぎ…1/4個（40g）（薄切り）
- 赤パプリカ…1/4個（45g）
  （1cmの角切り）
- ベーコン…2枚（短冊切り）
- チューブにんにく…1cm分
- オリーブオイル…大さじ1
- 塩、こしょう…各少々
- 卵…3個
- ピザ用チーズ…30g
- イタリアンパセリ…1枚

調理時間 16分

これひとつでお腹いっぱい！ スパニッシュオムレツ

高さが出るように小さめのフライパンで作るのがおすすめ

1
フライパンにオリーブオイル大さじ1/2とにんにくを入れて火をつける
［弱火→中火］

香りが出たら具材を投入し、火が通るまで中火で4分炒めて塩、こしょうをふり、取り出す。

2
ボウルに卵を溶き、ピザ用チーズと1を加えて混ぜる
［中火］

フライパンの汚れをキッチンペーパーでふき、オリーブオイル大さじ1/2を入れて予熱し、具材とチーズを混ぜた卵を流し入れて菜箸で大きく混ぜる。

3
卵が半熟になったらふたをし、表面が固まるまで7分ほど焼く
［中火］

フライパンよりひと回り大きい皿に卵を取り出し、再度すべらせるようにフライパンに戻し、ふたをしてもう片面も中火で3分焼く。

point
平らな皿をフライパンにかぶせて手をそえ、ひっくり返す。フライパンのふたが平らなものであれば、ふたを利用してもOK。

↓

081

コスパGOODな食材

エントリーNo.4

葉っぱから芯まで余すところなく食べられる白菜。旬の時期には丸ごとひとつ買っちゃいましょう。バラエティ豊かなメニューが楽しめます。

調理時間 25分

パリパリ食感がやみつきに!
羽根つき餃子

お店みたい！外はパリッと中はジューシー

材料
（12個分）

- 餃子の皮…12枚
- 豚ひき肉…50g
- にら…10g（みじん切り）
- 白菜…100g（みじん切りし、塩少々をふり、よくもんでから水気をきる）

A（調味料）
- チューブしょうが…1cm分
- しょうゆ…大さじ1/2
- 酒、ごま油…各小さじ1
- こしょう…少々

B（羽根用に合わせておく）
- 水…1/2カップ（100ml）
- 小麦粉…大さじ1/2

- サラダ油…大さじ1

4 コスパGOODな食材レシピ

ボウルに豚ひき肉を入れ、塩少々（分量外）をふり、粘りが出るまで2〜3分こねる

粘りが出たら白菜、にら、Aを加えて1分ほど混ぜ合わせ、たねを作る。

包みやすいように餃子の個数分にたねを分ける

ボウルの底できれいにひとまとめにし、ゴムベラでケーキを切るようにして分ける。

餃子の皮を手のひらにのせて皮の中央にたねをのせる

皮の半分の端に水を少しつけて皮を半分に折り、ヒダをよせながら口をしっかりとじる。

フライパンを予熱しサラダ油小さじ1を温め、餃子を放射状に並べる

［中火 🔥🔥］

底面にきれいな焼き色がつくまで、中火で2〜3分焼く。

Bを注いでふたをし、中火強で6分蒸し焼きにする

［中火強→中火弱 🔥🔥🔥］

point
回し入れる油はごま油にしても、香ばしくておいしい。

6分経ったらふたを開けさらに加熱し、水気がなくなったらサラダ油小さじ2を回し入れ、底面がパリッと浮いてくるまで中火弱で4〜5分焼く。

耐熱皿をフライパンにかぶせ、一気にひっくり返す

はがれにくい場合はフライ返しで軽くこそげてからひっくり返す。

083

調理時間 12分

ドレッシングと相性抜群
焼き白菜のシーザーサラダ

材料
（ひとり分）

- 白菜（中心部分）…1/8株（200g）
  （根元をつけたままくし形切り）
- ベーコン…2枚（1cm幅の短冊切り）
- 卵…1個

A（ドレッシング）
- 粉チーズ…大さじ1
- ヨーグルト…大さじ1/2
- レモン汁…大さじ2
- 砂糖…小さじ1
- 塩…少々

- オリーブオイル…大さじ1
- 粗びき黒こしょう…少々

白菜の甘みが増す冬に特におすすめ

レンジで温泉卵

↓

水少々を入れたマグカップに冷蔵庫から出したての卵を割り入れ、さらに卵がかぶるぐらいの水を入れ、黄身を楊枝で数か所刺す。ラップをしないで電子レンジで40〜50秒加熱し水気をきる。

1
フライパンで**ベーコン**をカリカリに焼き、キッチンペーパーで余分な油をきる

[強火 🔥🔥🔥]

その間にAの材料を全てボウルに入れてよく混ぜ、ドレッシングを作っておく。

2
同じフライパンの油をふいてから**オリーブオイル**を温め、**白菜**を入れる

[中火 🔥🔥🔥]

白菜の両面に焼き色がつくまで8分ほどじっくりと焼く。

3
白菜を盛りつけ**ベーコン**をちらし、**A**のドレッシングをまんべんなくかける

温泉卵をのせ、最後に粗びき黒こしょうをふったらでき上がり。

4 コスパGOODな食材レシピ

調理時間 6分

甘みがしみわたる
白菜とベーコンのコーンクリームスープ

とろとろ白菜が味わえる煮込み系スープ

材料
（ひとり分）

- 白菜…1/2枚（40g）（太めの千切り）
- コーンクリーム缶…1/4缶（100g）
- 酒…小さじ1
- ベーコン…1枚（1cm幅の短冊切り）
- A（調味料）
  - 水…1カップ（200ml）
  - 中華スープの素…小さじ1
- 塩、こしょう…各少々
- 粗びき黒こしょう…少々

1 鍋にコーンクリームと酒を入れて中火にかける
[中火]

point: コーンクリームに酒を入れて沸騰させることで、缶詰くささがなくなる。

ふつふつと沸騰するまでゴムベラで混ぜながら1〜2分加熱する。

2 ベーコン、白菜、Aを加えて全体をよく混ぜる
[中火→弱火]

沸騰するまでふたをして加熱し、沸騰したら弱火にする。

3 弱火で3分ほど煮たら、塩、こしょうで味をととのえる
[弱火]

器に盛りつけ、粗びき黒こしょうをふる。

調理時間 5分

酸っぱ辛さがあとを引く
白菜のピクルス

赤唐辛子がピリリッと効いたおめかし白菜

材料
（作りやすい分量）

- 白菜…4枚（320g）（3cmの角切り）
- A（調味料）
  - 酢…80ml　水…1/4カップ（50ml）
  - 砂糖…大さじ2　ローリエ…1枚
  - ブラックペッパー（ホール）…小さじ1
  - 赤唐辛子の輪切り…10個
  - 塩…小さじ1/2

1 鍋にAをすべて入れ3分ほど加熱する
[中火]

沸騰したら火を止め粗熱を取り、保存容器に白菜を入れてからAを注いで冷蔵庫で1時間以上寝かせる。

コスパGOODな食材

エントリーNo.5
鶏ムネ肉

低カロリーでヘルシーながら、食べ応えのある鶏ムネ肉。シチューやからあげなどボリュームのあるメインディッシュにぴったり。

煮込む前に炒めることで鶏のうま味をとじ込める

調理時間 20分

ホワイトソースなしで簡単
チキンクリームシチュー

086

4 コスパGOODな食材レシピ

材料

（ちょっと多めのひとり分）

- ブロッコリー…1/4個（50g）
  （P67を参照し、小房に分ける）
- 玉ねぎ…1/4個（40g）
  （1cm幅のくし形切り）
- にんじん…1/4本（30g）（乱切り）
- じゃがいも…1個（100g）
  （ひと口大に切り、水にさらす）
- 鶏ムネ肉…1/2枚
  （3cm角に切り、塩、こしょうを少々ふる）
- 塩、こしょう…各少々
- コンソメ顆粒…小さじ1
- 水…1/2カップ（100ml）
- 牛乳…1カップ（200ml）
- 小麦粉…大さじ2
- サラダ油…大さじ1
- バター…10g

1

鍋に サラダ油 を温め、
鶏肉 を入れて
肉の色が変わるまで
2〜3分 炒める
［中火 ］

肉の色が変わったら玉ねぎを加え、しんなりするまで1〜2分炒める。

2

にんじん、じゃがいも、
ブロッコリー の順に加え、
油がまわるまで炒める
［中火→強火 ］

point
小麦粉をよく炒めることでだまにならず、なめらかなシチューになる。

さらにバター、小麦粉を加え粉っぽさがなくなるまで中火で炒めたら、水、コンソメ顆粒を加え強火にかける。

3

沸騰したら弱火で
5分 煮て 牛乳 を
加える
［弱火 ］

ときどき混ぜながら3分ほど温めたら、仕上げに塩、こしょうで味をととのえる。

調理時間 25分

やわらか、ジューシー♪
塩麹からあげ

塩麹パワーで、
鶏ムネ肉が
さっくりやわらかに

材料
（ひとり分）

- 鶏ムネ肉…1/2枚（キッチンペーパーで余分な水分をふき、4等分に切る）

A（調味料）
- 塩麹…大さじ1
- チューブにんにく、チューブしょうが …各1cm分

- 片栗粉…適量　サラダ油…適量
- フリルレタス…1枚
- レモン…薄い半月切り1枚

1

ビニール袋に**鶏肉**を入れ、**A**を加えもみ込む

空気をしっかり抜いて口をしばり、15分置いて下味をつける。

2

フライパンに**サラダ油**を入れて中火にかけ、170℃に温める

［中火🔥🔥］

片栗粉はつけてから時間が経つとべたっとなってしまうので、揚げる直前に鶏肉につける。油が温まったら鶏肉を入れ、衣が固まるまで動かさずに、中火で2〜3分揚げる。

3

上下を返してさらに**2〜3分揚げる**

［中火→中強火🔥🔥🔥］

からりと揚がったらキッチンペーパーに取り、油をきる。

point

肉は水分が抜けると軽くなり、揚げ音も静かになって上に浮いてくる。肉を箸でつまんだとき、振動が伝わるような状態になれば揚がっている。

point

菜箸の先を油に入れたとき、細かい泡が立つようになってきたら揚げ頃温度になったサイン。

4 コスパGOODな食材レシピ

調理時間 20分
蒸して焼くから時短調理が可能
蒸し焼き鶏ハム

ジッパーつきの保存袋に入れて冷蔵庫で3日間保存が可能！

材料
（作りやすい分量）

鶏ムネ肉…1枚（P67を参照し肉の厚みを均一にする）

A（調味料）
砂糖…小さじ1
塩…小さじ1/2
こしょう…少々

サラダ油…少々
ローズマリー（飾り用）…適量

point
アルミホイルを手前からかぶせ、密着させながら筒状に巻き、左右の端をひねってしっかりとじる。

こんなメニューにも応用可能！
シンガポールライス
器にごはんをよそい、鶏ハムのスライスを適量のせ、きゅうり、トマトの薄切り、パクチーを適量添える。お好みでおろししょうがとしょうゆ、チリソース、ゴマだれなどをかけていただく。

1 鶏肉にAをすり込み、ビニール袋に入れる
空気をしっかり抜いて口をしばり、冷蔵庫で20分寝かせる。

2 20分経った鶏肉をアルミホイルに包む
アルミホイルを広げて薄くサラダ油をひき、鶏肉の皮を下にして横になるように置き、手前から丸める。

3 フライパンにサラダ油を温め、2を入れて転がしながら3分焼く
[中火→弱火]
火を止めて水を1カップ（分量外）加え、ふたをして弱火で15分間蒸し焼きにする。15分経ったらフライパンから取り出し、冷めるまで放置しておく。

捨てずにレスキュー

野菜の使い切り計画

張り切って買った野菜たち、気づいたらなんだか元気がないみたい！ 果たしてこれって食べられる!? 野菜別レスキュー方法、伝授いたします。

Q きゅうりがしなしな、柔らかい

A 切り落としてスカスカになってなければ大丈夫です。すりおろして調味料とあわせればドレッシングに変身！ 中が赤くなったものは調理してもおいしくないので、潔く捨てて。

Q キャベツの断面が黒ずんでも食べられる？

A ポリフェノールの酸化によるものなので、その部分をカットすれば大丈夫。ざく切りにして重量の2％の塩をして漬けておけば、和え物や即席漬けなど応用が効きます。

Q トマトが熟しすぎ!!

A ブヨブヨで皮が破けているようだったら残念ながらサヨウナラ。多少皮がシワっぽくなっている、または柔らかい程度であれば、すぐに冷凍（P114）するか、つぶしてペーストに。

Q 大根がしなびてる！

A しなびたものは乾燥しているので味がしみやすく、浅漬けや煮物に向いています。またすりおろして豚バラ肉など塊肉をゆでるときに一緒に入れると、肉の臭みや脂を取って柔らかく仕上げてくれます。

Q にんじん、ごぼうがしわしわ、しなしな！

A 細切りにしてしばらく水に浸けてから、きんぴら風に調理してみて。香りは抜けてしまっているので香りづけに鷹の爪、胡麻などを加えましょう。

> 4 コスパGOODな食材レシピ

Q 万能ねぎの先っぽが茶色い

A 茶色い枯れてしまった部分だけを切りとれば普通に使えます。残ってしまったら小口切りにして冷凍しましょう。

Q なすの中が茶色く変色している

A 寒さに弱いなすは冷蔵庫で冷やしすぎると変色します。食べるのに支障はないので、水に軽くさらしてあくを取ってから調理しましょう。なお、表面が凸凹していたり、フカフカしているものは腐っている場合があります。

Q レタスの葉が茶色くなってきた

A 茶色い部分を取り除けばOK。レタスは包丁で切ると金属に反応して茶色くなってしまうので、手でちぎって使った方が長持ちします。

Q 変色した白菜はまだ使える?

A 茶色くなった場合、その部分を大きめに取り除けば食べられます。ただし汁が出ていたり溶けていたらNG。黄色くなっているのは甘みが増している証拠なので問題ありません。新聞紙に包んで根っこを下にして立て、冷暗所においておけば3〜4週間は保存が可能です。

Q 1日たったもやしが茶色っぽくなった

A 先端が茶色いだけならセーフ。その部分をカットしゆでてから調理を。色は変わっていないのに酸っぱい臭いがしたらアウト!! 袋の中で雑菌が繁殖している可能性が高いので、処分しましょう。

Q ブロッコリーが変色して、ぽろぽろと落ちてきちゃう

A 表面にある粒々、これは「つぼみ」です。色が黄色や茶色に変わっていくのは花を咲かせようとしているからなので問題ありません。味は落ちているので、細かく切って炒めたりスープにしたりしてどうぞ。

アボカドが黒くなってきた！食べ時は？

A 表面が黒みがかった濃い緑色になってきたら食べ頃。切って中が黒っぽく変色している場合もありますが、これは傷んでいるわけではなく空気に触れて変色しているだけなので心配ありません。ただ見た目も悪いので潰してディップにしたり、加熱して食べたりするほうがおすすめ。

 カットかぼちゃの断面に白いものが…。カビ？

A 白いものがうっすら浮いている場合はでんぷんなので、味はイマイチですが問題はありません。ただしフワフワしたものであれば白カビです。食べない方がよいでしょう。ワタ部分の黒カビも、同じく、取り除いても内部まで侵食している可能性がありますので、処分しましょう。

じゃがいもの芽が出てきた！

A 芽には「ソラニン」という毒素が含まれているので必ず取ります。皮をむいてから包丁の角やピーラーで、芽とその周辺を深めにえぐり取り、水にさらしてから調理してください。切って断面が赤く変色していたら食べないで。

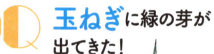 玉ねぎに緑の芽が出てきた！

A 緑の部分は新しい葉です。芽らしきものが出たら日の当たるところへ移動させ、しばらく育ててみて。伸びてきたら野菜炒めなどにしてどうぞ！玉ねぎ本体は処分した方がよいでしょう。

玉ねぎを切ると、白い汁が出るのは？

A これは「硫化アリル」と呼ばれる玉ねぎの辛味成分。新鮮で元気な玉ねぎほどよく出るのでもちろん食べても大丈夫！サラダなど生のままでもおいしく食べられます。

しめじとえのきがヌメヌメしている

A 腐っている可能性大なので処分しましょう。未開封であれば冷蔵保存でだいたい5〜7日程度、開封後は3日程度が賞味期間の目安。余ったら冷凍保存をおすすめします。

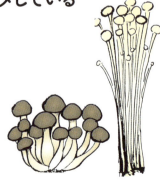

4 コスパGOODな食材レシピ

Q ピーマンのNG判断が難しい！

A 悪臭がする、茶色くなった、触るとブニョブニョ……といった症状が出たらNG。赤や黄色に変色する場合は熟しているだけです。

Q 大葉がすぐにダメになっちゃう

A 湿らせたキッチンペーパーに束ごと包み、さらにラップに包んでから保存容器などに入れて冷蔵庫へ。これで10日ほどもちます。黒くなってしまったら十分に乾燥させてから手でもんで細かくし、薬味にするのもおすすめです。

Q 水につけた豆腐はいつまで食べられる？

A 豆腐は生ものなので鮮度が命。なるべく早く食べるに越したことはありません。2～3日程度の日持ちと考え、火を通して使いましょう。

Q キャベツの一番外側の葉っぱは捨てたほうがいい？

A 野菜は外側ほど栄養があると言われ、キャベツの外葉も栄養価は抜群。捨てるなんてもったいない！ですが、えぐみが強いので回鍋肉（P61）など濃い味付けで調理するのがおすすめです。

Q 卵1パック、賞味期限内に全部食べ切れない！

A 卵に表示されている賞味期限は「生で安全に食べられる」期限なので、多少（3～4日程度）過ぎても、冷蔵庫保存の上で加熱調理すれば大丈夫でしょう。ただ、茹で卵など調理後の卵は生の状態よりも賞味期限が短くなるので、3日以内に食べた方がよいですね。

Q ミニトマトはいつまで食べられる？

A ヘタを取り除いてから洗って水気をよく拭き取り、キッチンペーパーを敷いた保存容器に入れて冷蔵庫で保存すれば1週間以上は食べられます。保存容器に入れる時、ヘタの方を下に向けるのがコツです。

ちゃちゃっと
作れる!

PART 5

これだけあれば
料理上手

冷蔵庫に
あるものだけで
レシピ

定番野菜や冷凍食材を使って、簡単におかずやおつまみが
作れたら、気分はもう、お料理上手! 短時間メニューから、少し
手の込んだものまで"あるものだけ"で、作っちゃいます。

P096〜097

冷蔵庫・冷凍庫に常備しておきたいリスト

- ☑ 冷蔵庫に入れておきたい8品
- ☑ 冷凍庫に入れておきたい7品

P098〜111

あるものを活用してメインも！おつまみも！鍋も！

- ☑ 冷凍シーフードで本場の味に　海鮮チヂミ
- ☑ 生クリームが決め手！　カルボナーラスパゲティ
- ☑ おうちでカフェ風メニュー　ベジパンキッシュ
- ☑ たっぷり野菜でヘルシーさ満点　ゴロゴロポトフ
- ☑ ほどよい辛さがクセになる　スンドゥブチゲ
- ☑ フォンデュ鍋なしでできる　チーズフォンデュ
- ☑ 冷凍肉だんごが大活躍　ミートボールのトマト鍋
- ☑ あと一品！のお助けメニュー　オニオンスライスおかか和え
- ☑ さっぱりほどよい酸味が◎　にんじんと大根のラペ
- ☑ とろ〜りチーズとマヨの絶品コンビ　ブロッコリーとゆで卵のグラタン

冷蔵庫・冷凍庫に常備

▶▶ 冷(蔵)庫に入れておきたい8品

にんじん
栄養豊富で彩りも鮮やかなにんじん。ラペやポトフなど人気メニューに欠かせない存在。

玉ねぎ
日持ちして、一年中手に入り、さらに和・洋・中どの料理とも相性ヨシ。常備野菜の王様。

卵
そのまま焼くだけ、ゆでるだけでもOKな卵。あれば必ず"一品"になるというのが心強い!

豆腐
豆腐といえば、植物性たんぱく質! ヘルシーなのにしっかりメインにもなる優秀食材。

ちくわ
具を足したいという時に便利な、ちくわ。そのままでも食べられるカジュアルさもよし!

5 冷蔵庫にあるものだけでレシピ

しておきたいリスト

納豆

何はなくとも納豆があれば！な救世主的存在。冷凍もできるのでまとめ買いがおすすめ。

ピザ用チーズ

パンのみならず、ごはんにのせてドリアにしたり鍋の薬味に使ったり。お役立ち度200％。

ベーコン

焼いても煮てもだしにも使えるベーコン。カットではなくブロックで買っておくのがかしこい。

冷凍庫に入れておきたい7品

冷凍庫にはコレが便利！

シーフードミックス

下ごしらえなしで手軽に海鮮メニューが作れます。エビ・イカ・アサリがスタンダード。

ミックスベジタブル

まな板いらずでぱぱっと使えて、見た目も華やか♪野菜不足解消にも一役買ってくれます。

冷凍ブロッコリー

いまやコンビニでも売っている優秀冷食。野菜のおかずをプラスしたいときにとても便利。

冷凍うどん

食べ応え抜群の冷凍うどんは、時間のないときにもぴったり。鍋の〆にもおすすめ。

冷凍ごはん

お鍋の後に入れて雑炊にしたり、のっけ飯に。一膳分に分けて冷凍しておくと楽チン。

冷凍肉だんご

ひき肉を多めに買って肉団子に。冷凍しておけば（P114）ボリュームおかずに即変身。

冷凍万能ねぎ

薬味の王道・万能ねぎは、一年通してかかさず冷凍庫に常備しておきたいマストな食材。

097

おかず

あるものを活用して
メインも！おつまみも！鍋も！

卵 ＋ シーフードミックス ＋ 冷凍万能ねぎ を活用！

調理時間10分

冷凍シーフードで本場の味に
海鮮チヂミ

香ばしく焼きつけた
表カリッと中もっちりの
食感がたまらない

5 冷蔵庫にあるものだけでレシピ

材 料
（ひとり分）

シーフードミックス…50g
（解凍して、よく水気をきる）
冷凍万能ねぎ…1/2束分（45g）
薄力粉、水…各1/2カップ（100ml）
片栗粉…大さじ1
卵…1/2個

塩、こしょう…各少々
サラダ油…大さじ2

A（調味料）
酢…大さじ1　　しょうゆ…大さじ2
砂糖…小さじ1
七味唐辛子…少々
（全ての材料をよく混ぜ合わせておく）

1
溶いた卵に**薄力粉**と**片栗粉**を合わせてふるい入れる

2
シーフードミックスと**万能ねぎ**を1に加えて混ぜ、フライパンで焼く
[中火 🔥🔥]

3
裏返し、フライ返しで軽く**生地**を押さえてカリッと焼き上げる
[中火強 🔥🔥🔥]

point
残りのサラダ油を鍋肌から足して焼くと、カリッとした焼き目をつけやすい。

さっくりと混ぜたら、さらに水、塩、こしょうを加えてよく混ぜておく。

予熱したフライパンで半量のサラダ油を温め、生地を丸く流し入れ焼き色をつける。

中火強で3分ほど焼くと焼き色がつく。様子を見ながら焦がさないように。

おかず

卵 ＋ ベーコン ＋ を活用!

調理時間 12分

生クリームが決め手!
カルボナーラスパゲティ

ひとつの鍋で作れるから食後の片付けも楽チン

5 冷蔵庫にあるものだけでレシピ

材料
（ひとり分）

- スパゲティ…80g
- ベーコンブロック…30g
  （拍子木切り）
- オリーブオイル…大さじ1/2
- 水…5カップ（1000ml）
- 塩…大さじ1
- 粗びき黒こしょう…少々

A（ソース）
- 生クリーム…大さじ4
- 卵黄…1個分
- 粉チーズ…大さじ2

（材料をボウルに入れてよく混ぜ合わせる）

1
鍋を予熱しオリーブオイルを温め、ベーコンを入れて炒める
[弱火 🔥]

2
鍋を洗わず水を入れて火にかけ、沸騰したら塩、スパゲティを入れる
[強火 🔥🔥🔥]

point
塩を入れてゆでることでグルテンが引きしまり、つるりとゆで上がる。

3
鍋にスパゲティ、A、ベーコンを加え余熱でとろみがつくまで混ぜる

ベーコンは弱火で1～2分炒め、軽く火が通ったら取り出す。

強火で沸騰させてスパゲティをアルデンテにゆでる。

スパゲティはザルにあけ水気をきり、鍋に再びスパゲティを戻しソースとからめ、器に盛って粗びき黒こしょうをふる。

おかず

玉ねぎ ＋ ピザ用チーズ ＋ ミックスベジタブル ＋ 冷凍ブロッコリー を活用！

調理時間 12分

おうちでカフェ風メニュー
ベジパンキッシュ

パンを生地に見立てたお手軽さが魅力！

5 冷蔵庫にあるものだけでレシピ

材料
（ひとり分）

- サンドイッチ用パン（12枚切り）…3枚
  （2枚は半分に切っておく）
- ミックスベジタブル…20g
- 玉ねぎ…1/6個（25g）（薄切り）
- 冷凍ブロッコリー…小房2個（30g）
- ピザ用チーズ…30g
- バター…少々
- オリーブオイル…小さじ1

A（ソース）
牛乳…70ml　卵…1個　塩…小さじ1/4　こしょう…少々

1
フライパンを予熱し**オリーブオイル**を温め、**野菜**を入れしんなりするまで炒める
[中火 🔥🔥🔥]

最後に塩、こしょうをし、火を止めて粗熱を取る。粗熱が取れたらAを加えてざっくりと混ぜる。

2
バターを塗った耐熱容器の底と側面に**パン**をしきつめる

しきつめ方は耐熱容器の形状に合わせる。隙間ができないよう気をつけて。

3
1を流し入れ**ピザ用チーズ**をちらしトースターで焼く。

point
流し入れた卵液が固まったか確認し、足りなければ焼き時間を延長する。

使用するトースターの機種により、温度や焼き時間などの調整をする。

おかず

玉ねぎ ＋ にんじん ＋ ベーコン ＋ 冷凍ブロッコリー を活用！

野菜のうま味だしが溶け出した絶品スープが◎

調理時間 20分

たっぷり野菜でヘルシーさ満点
ゴロゴロポトフ

5 冷蔵庫にあるものだけでレシピ

材料
（ひとり分）

- ベーコンブロック…50g
  （3等分に切る）
- じゃがいも…中1個（100g）
  （4等分に切り、水にさらす）
- にんじん…1/4本（30g）
  （縦半分に切り、8等分に切る）
- 玉ねぎ…1/4個（40g）
  （4等分のくし形切り）
- 冷凍ブロッコリー…小房3個（50g）
- 白ワイン…大さじ2
- 水…1カップ（200ml）
- コンソメ顆粒…小さじ1
- オリーブオイル…小さじ1
- 粒マスタード…適量
- 塩…少々

1
野菜、ベーコンブロックの順に入れ、全体に油がまわるまで中火で炒める
［中火→強火 🔥🔥🔥］

point 炒めたら白ワインを加える。強火にしてアルコールを飛ばす。

2
水、コンソメを加え沸騰したらあくを除きふたをして弱火で煮込む
［強火→弱火 🔥🔥🔥］

point あく取りはボウルに水を張って準備しておくと便利。

3
ブロッコリーを加え温まったら火を止め器に盛り**マスタード**をそえる
［弱火 🔥🔥🔥］

鍋を予熱しオリーブオイルを温め、玉ねぎ、じゃがいも、にんじん、ベーコンの順に炒める。

沸騰するまでは強火で、その後は弱火にして15分ほど煮込む。

冷凍ブロッコリーは崩れやすいので、煮込みすぎない方がベター。

小鍋

豆腐 ＋ 納豆 ＋ 冷凍万能ねぎ ＋

冷凍うどん を活用！

コチュジャンを増量すれば辛党さんも大満足！

調理時間 8分

ほどよい辛さがクセになる
スンドゥブチゲ

5 冷蔵庫にあるものだけでレシピ

材料
（ちょっと多めのひとり分）

豆腐…1/2丁
（キッチンペーパーに包んで水気をきる）
納豆…1パック
キムチ…30g（2cm幅のざく切り）
冷凍万能ねぎ…適量
チューブにんにく…少々
ごま油…大さじ1/2

A［スープ］
水…1と1/2カップ（300ml）、
中華スープの素、しょうゆ…各小さじ1、
コチュジャン…小さじ1/2
（ボウルに全ての材料を入れよく混ぜておく）

冷凍うどん…ひと玉

1
鍋にごま油、にんにくを入れ、香りが立つまで炒める
［弱火 ］

弱火1分程度でOK。強火にするとにんにくが鍋に焦げつくので注意。

2
刻んでおいたキムチを加えて、中火で30秒炒める
［中火］

キムチの辛さがスープに溶け込むと、全体の辛さも変化するので、自分好みに味つけを。

3
Aを入れて強火にかけ、沸騰したら納豆、豆腐を大きめに割って加える
［強火］

強火で5～6分煮込み、ひと煮立ちしたら冷凍万能ねぎをちらす。

point
スープが薄くなるのを防ぐため、豆腐の水分はよくきっておく。豆腐は手で好きな大きさに割り入れて。冷凍うどんを加えればボリュームUPして主食にも！

↓

107

小鍋

 ちくわ ＋  にんじん ＋ ベーコン ＋ ピザ用チーズ ＋

 冷凍ブロッコリー を活用!

調理時間 12分

フォンデュ鍋なしでできる チーズフォンデュ

> フォンデュ鍋がなくったってOK！食材は好きなものにアレンジ自在

材料
（ちょっと多めのひとり分）

- ちくわ…1本（4等分に切る）
- にんじん…1/4本（30g）（ひと口大の乱切り）
- じゃがいも…中1個（8等分に切る）
- ベーコンブロック…50g（ひと口大のサイコロ状に切る）
- 冷凍ブロッコリー…小房2〜3個（30〜50g）
- ピザ用チーズ…150g（片栗粉小さじ1をまぶす）
- **A**〈フォンデュソース〉
  - 牛乳…50ml　白ワイン…大さじ1
  - 水…1カップ（200ml）

point
時間が経つとチーズが固まってくるので、カセットコンロで温めながら食べると◎。

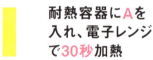
1 耐熱容器にAを入れ、電子レンジで30秒加熱
加熱後片栗粉をまぶしたピザ用チーズを入れ、再度電子レンジでチーズが溶けるまで2分ほど加熱してよく混ぜる。

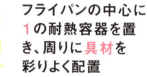
2 フライパンの中心に1の耐熱容器を置き、周りに具材を彩りよく配置
ひと口大にカットした具材は彩りなどのバランスを見ながら、見映えを意識して並べる。

3 水を加え、ふたをして強火にかける。野菜に火が通るまで加熱
[強火→弱火 🔥🔥🔥]
沸騰したら弱火にする。野菜に火が通ったら、お好みの具にチーズをつけて食べる。

5 冷蔵庫にあるものだけでレシピ

 ＋  ＋ ＋ ＋

玉ねぎ　　にんじん　　冷凍肉だんご　　冷凍ブロッコリー

を活用!

冷凍ごはん

> 締めにごはん投入で
> お肉のうま味たっぷり
> 絶品トマトリゾットに

材料
（ちょっと多めのひとり分）

冷凍肉だんご…4個　　冷凍ブロッコリー…小房3個（50g）
玉ねぎ…1/4個（40g）
（1cm幅のくし形切り）
にんじん…1/4本（30g）
（ピーラーでリボン状に
スライス）
粗びき黒こしょう、
粉チーズ…適量

A スープ
水…1カップ（200ml）
カットトマト缶…1/2缶（200g）
コンソメ顆粒…小さじ1と1/2
塩…少々

冷凍ごはん…適量

調理時間 10分

冷凍肉だんごが大活躍
ミートボールの
トマト鍋

point
ピーラーでリボン
状にスライスした
にんじんは火の通
りが早いので最
後に入れる。

1 鍋にAを入れて強火にかけ、沸騰するまで加熱
[強火]
スープが溢れ出ないように、注意しながら沸騰させる。

2 全ての具材を入れ、ふたをして再沸騰させる
[強火→弱火]
再沸騰後、ふたを開けて火を弱める。具材に火が通ったかを確認する。

3 好みで粗びき黒こしょう、粉チーズをかける

火が通ったものから食べ始め、好みで粗びき黒こしょうや粉チーズをかける。

おつまみ

 を活用!

玉ねぎ

「しっかり辛みを取ればいくらでも食べられる美味しさ」

調理時間 10分
（玉ねぎをさらす時間を除くと5分）

あと一品！のお助けメニュー
オニオンスライスおかか和え

材料
（ちょっと多めのひとり分）

玉ねぎ…1/2個（80g）
（縦半分に切り、繊維に直角に薄切り）

かつお節…適量　　大葉…1枚（千切り）

A（調味料）
ポン酢…大さじ1/2　　ごま油…小さじ1/2

食感がやわらかくなるよう繊維と直角に薄切りにする

薄く切った玉ねぎをザルに入れ、塩をもみ込み流水で洗う。水に5分さらし、キッチンペーパーで水気を取る。皿に盛りAをかける。

point
繊維に直角に切ると、辛みがおさえられる。新玉ねぎを使うのもおすすめ。

 を活用!

にんじん

調理時間 10分

さっぱりほどよい酸味が◎
にんじんと大根の和風ラペ

「ビネガー＆オリーブオイルで、ワインが進む洋風なますのでき上がり！」

110

5 冷蔵庫にあるものだけでレシピ

 +  + ピザ用チーズ を活用!

卵　　冷凍ブロッコリー　　ピザ用チーズ

調理時間 10分

とろ〜りチーズとマヨの絶品コンビ
ブロッコリーとゆで卵のグラタン

材料

（ちょっと多めのひとり分）

- 冷凍ブロッコリー…100g（解凍し、水気をきる）
- ゆで卵…1個（輪切り）
- ピザ用チーズ…20g
- マヨネーズ…適量
- パン粉…小さじ1

ホワイトソースなしで作れる簡単グラタンはみんな大好きマヨネーズが主役！

材料

（ちょっと多めのひとり分）

- にんじん…1/4本（30g）（千切り）
- 大根…5cm分（150g）（千切り）
- **A**（調味料）
  - 白ワインビネガー…大さじ1
  - 砂糖…小さじ1/2
  - オリーブオイル…小さじ1
  - 塩…少々
- イタリアンパセリ…適量

耐熱容器にブロッコリーを入れ、ゆで卵をのせる

上にマヨネーズを斜めがけし、ピザ用チーズ、パン粉をちらす。トースターで5分、焼き色がつくまで焼く。

point
ピザ用チーズ、パン粉も冷凍保存できる。ゆで卵だけ作ればあとは焼くだけでOK！

にんじんと大根はボウルに入れて塩をもみ込む

しんなりするまで5分置き、水気を絞る。Aと和え、ラップをかけて冷蔵庫で味をなじませる。

point
シンプルな味つけなので、レーズンや生ハムなどをプラスして好みのアレンジができる。

ひとり分の自炊がもっと楽になる！ フリージング

 薄切り肉

1枚ずつラップして新鮮さをキープ！

必ず新鮮なうちに冷凍します。キッチンペーパーで水分を取り、空気を抜きながらラップで1枚ずつ包み、重ねて保存袋に入れます。金属バットなどにのせ温度の伝わり方を早くすることで急速冷凍を。2〜3週間保存可能。

ごぼう

新鮮な香りと歯ごたえが1ヶ月続きます

切ってあく抜きしたごぼうの水気を取り、保存袋に入れます。解凍すると水分が抜けてフカフカした食感になってしまうので、凍った状態で炒めたり鍋に入れて。

松菜

フレッシュなまま冷凍して賢く活用！

洗ってざく切りし、ペーパータオルで水気を取ります。保存袋に入れて中の空気をしっかり抜きます。2〜3週間保存可能。凍ったままスムージーやおひたしに。

めじ

うま味成分がアップするキノコ類

しめじは洗わずに石づきの部分を取り除いて手でほぐし、保存袋へ入れて中の空気をしっかり抜きます。使うときは凍ったまま使用します。

魚（切り身）

ひとパック3切れ入りの魚もどんとこい！

魚の切り身は1切れずつ振り塩をし、出てきた水分を取ってからラップで包みます。アルミのバットにのせればより早く凍って、2〜3週間新鮮さをキープできます。

###

風味付けに欠かせないしょうがはみじん切りで

洗って水気を取ったしょうがを千切りもしくはみじん切りにし、ラップに包んで保存袋へ。解凍せず凍ったまま使用します。1ヶ月以内を目安に。

> 5 冷蔵庫にあるものだけでレシピ

アイデア便利帳

余った食材、長持ちさせたい食材は賢くフリージングしましょ！ 食材ごとの冷凍保存方をリストアップ。

ス ープストック

2〜3週間保存OK！ とにかく使えるスープの素は多めにストック

だし（P42）やスープストック（P54）は大量に作って冷凍しておけばいざという時のお役立ちアイテムに。製氷皿に入れて凍らせ、固まったら取り出し保存袋へ移しましょう。

ト マトソース

使い切れないトマトソースは板状で凍らせて

保存袋に入れ、たいらになるようにならして。袋をバットに寝かせて手でさするようにならすときれいな板状にできます。パスタやカレー、煮込みなどに凍ったまま使用を。

パ ン

つぶさない程度に袋の空気を抜くのがポイント

パンは1食分ずつラップに包んでから、保存袋へ。霧吹きで表面に軽く水を吹き付け、凍ったままトースターで焼きます。1ヶ月以内に食べるのがおすすめ。

玉 ねぎ

甘みが凝縮！ 炒めタマネギやハンバーグに

大きめのみじん切りか厚めの千切りにし、水気を取って保存袋へ。あまり細かくしすぎると水気が多く出て食感が残りづらくなるので注意を。

鶏 ムネ肉

お買い得日にまとめ買いしてすぐ冷凍が◎

鶏ムネ肉は使いやすい大きさにカットして水気を取り、保存袋に入れてしっかり空気を抜きましょう。金属バットにのせ急速冷凍し、2〜3週間以内に使うのがおすすめ。

に んにく

チューブよりも断然おいしい！ 生にんにく

芽を取って（P67）からみじん切りもしくはすりおろしてラップに包み、たいらにならしてから保存袋へ。必要な分だけ折り取って使えます。2ヶ月ほど保存可能。

113

FREEZING IDEA

万能ねぎ

まとめて一気にカットしておくのが賢い使い方

洗って水気をよく取り、小口切りに。保存袋に入れて空気を抜き、たいらにならして一旦冷凍庫へ。1時間ほど置いた後、袋をシャカシャカ振って再度冷凍します。これをもう一度行ってから本格冷凍すると、パラパラねぎに。

長ねぎ

使うときは袋の上から軽くもみほぐして

洗って小口切りしたあとに水気を取ります。保存袋に入れて空気を抜き、たいらにならして冷凍庫へ。解凍せずそのまま使用を。1ヶ月ほど保存可能。

ひき肉

用途に応じて保存の仕方を変えてみて

ひき肉はそのまま保存袋に移して冷凍してもOKですが、肉だねにしておくと便利。保存袋に入れてたいらにならし、箸で溝をつけておくとより使いやすくなります。

ミニトマト

味が濃縮！ カレーやトマトソースにぴったり

ミニトマトはよく洗って水気をきり、ヘタを取り除いてから丸ごと冷凍します。普通のトマトも同じ方法で冷凍できます。一度凍らせるとうま味が増すので加熱調理にぴったり。2ヶ月ほど保存可能。

冷凍肉だんごを作ってみよう

[調理時間　15分]

材料

（材料・肉だね200g＋肉団子16個分）

- 合びき肉…600g
- 塩…小さじ2/3
- こしょう…少々
- 酒…大さじ2
- パン粉…60g
- 卵…1個

1 ボウルに合びき肉を入れ、塩、こしょう、酒を入れて粘りが出るまでこね、パン粉、卵も加えてさらに3分ほどこねる。

2 1の肉だねのうち200gは保存袋に入れる。残りは16等分して団子に丸める。

3   鍋に強火で湯を沸かし、肉団子を入れ茹でる。浮いてきたものから取り出し、粗熱が取れたら保存袋に入れ、冷凍庫で保存する。

こんなものもフリージングできちゃう！

サリ

下処理したら殻ごと氷漬けでうま味が凝縮！

冷蔵庫で保存すると1〜2日しかもたないアサリも冷凍すれば約2ヶ月保存が可能。下処理（砂吐きと殻洗い）済みのアサリを容器に入れアサリの隙間が埋まる程度に水を入れ、そのまま冷凍します。使う時は解凍せず水ごと調理しましょう。

なす

意外にも冷凍するメリットいっぱい！

洗って水気を取り、1つずつラップに包みます。1〜2ヶ月もつ上に、冷凍することで繊維が切れて味がしみ込みやすく、油を吸いやすいので、少量の油で調理が可能。調理は半解凍で行います。完全に解凍してしまうと水分が出て食感が悪くなるので注意。

ター

冷蔵保存時の気になるにおい移りを解消！

一度に使いきれるサイズに小分けし、フリーザー用容器に入れて保存します。調理には凍ったまま、パンに塗る場合は自然解凍で。2ヶ月ほど保存可能。

納豆

そのままフリージング可能な手軽さがいい！

納豆はパックのまま冷凍庫に入れるだけでOKなので、まとめ買いに最適。3ヶ月くらいは保存が可能です。食べる前日に冷蔵庫に移して自然解凍すれば風味も落ちにくいそう。

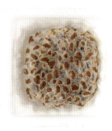

モン

そのままドリンクに入れたり、料理にそえて

レモンも残ることが多い食材。洗って水気を拭いて種を取り、輪切りにして保存袋に入れ冷凍しておきましょう。約3週間ほど保存できます。

芋

とろとろ山芋が、1ヶ月ほど保存可能に

皮をむいてからすりおろして保存袋に入れ、たいらにならします。必要な分だけ折り取って使いましょう。お好み焼きの生地やとろろ汁などに。

PART 6

ごはん派もパン派も
お任せあれ！

朝も
ゆるく自炊

パパッと
朝ごはん

1日のスタートはおいしい朝ごはんで気持ちよく
始めたいもの。とはいえ手の込んだことはしてい
られない忙しい時間帯、のっけるだけ、焼くだけ、
はさむだけ！のゆるラクメニューをラインナップ。

やっぱり日本人は白飯！のっけ飯

P118〜119

- はずせない定番トッピング
  納豆たくあん飯
- ピリッとわさびが隠し味
  アボカドチキン飯
- まるでライスサラダ感覚
  オイルサーディン飯
- しょうゆバターがとろける！
  コーンバター飯

朝はパンじゃなきゃという人は のせパン＆サンド

P120〜123

- チーズと磯の香りが相性抜群
  海苔チーズトースト
- フレンチトースト仕立て♡
  クロックムッシュ
- マヨネーズの土手が決め手
  ベーコンエッグトースト
- バラの花みたいでかわいい
  りんごとくるみの シナモントースト
- なますと鶏ハムで本格派！
  鶏ハムのバインミー
- ピクルスの酸味がアクセント
  コンビーフの オープンサンド
- バターロールが変身！
  プチホットドッグ
- さっぱりとした甘さが魅力
  フルーツヨーグルトの ベーグルサンド

あったかスープでホッと朝時間 マグカップスープ

P124〜125

- 腹持ちよく、ビタミンたっぷり
  ウインナーとブロッコリーのスープ
- ぼってり濃厚でクリーミー
  さつまいもの豆乳ポタージュ
- チーズが入ってまろやか
  小松菜とベーコンのカレースープ
- 桜エビの香ばしさがふわっと香る
  レタスと桜エビのスープ

卵をもっとおいしく食べる 卵バリエ

P126〜129

- ふんわりやさしいお味
  ふわふわスクランブルエッグ
- アッツアツをめしあがれ！
  とろり半熟オムレツ
- 美しい見た目はホテル並み!?
  きれいなベーコンエッグ
- ベストタイムは5分と12分！
  4変化！ ゆで卵

> やっぱり日本人は白飯でしょ

のっけ飯

白飯をさらにおいしくしてくれる、お手軽のっけ飯。材料はごはん茶碗1杯分（160g）に合わせた分量です。

うずらの卵が輝く盛り系 納豆ごはん

調理時間 5分

はずせない定番トッピング
納豆たくあん飯

材料
（ひとり分）

ごはん…適量
納豆（たれつき）…1パック
たくあん…5g（千切り）
万能ねぎ…少々（小口切り）
うずらの卵…1個

作り方
茶碗に盛ったごはんの上に納豆とたくあんをのせ、たれをかける。万能ねぎをちらし、うずらの卵を割ってのせる。

調理時間 5分

ピリッとわさびが隠し味
アボカドチキン飯

アボカドマヨのまったり感で満足度高！

材料
（ひとり分）

ごはん…適量　アボカド…1/4個（1.5cmの角切り）
蒸し焼き鶏ハム（P89）…30g（1.5cmの角切り）

A（調味料）
マヨネーズ…小さじ2　チューブわさび…5mm分
しょうゆ小さじ1/2

黒こしょう…適宜　きざみ海苔…適宜

作り方
アボカドと蒸し焼き鶏ハムをボウルに入れ、Aを加え混ぜる。茶碗に盛ったごはんにのせて、周りにきざみ海苔をちらし、黒こしょうを好みでふる。

6 パパッと朝ごはん

おつまみが朝ごはんに変身♪

調理時間 5分

まるでライスサラダ感覚
オイルサーディン飯

材料
（ひとり分）

ごはん…適量
オイルサーディン…3尾
ミニトマト…1個（1cmの角切り）
レタス…2g（小さくちぎる）
玉ねぎ…5g（薄切りにし、水に3分間さらして水気をきる）
しょうゆ…小さじ1/4

作り方
茶碗に盛ったごはんにレタス、オイルサーディン、玉ねぎ、トマトの順にのせる。仕上げにしょうゆをまわしかける。

調理時間 3分

しょうゆバターがとろける!
コーンバター飯

材料
（ひとり分）

ごはん…適量
コーン…大さじ2
バター…5g（角切り）
かつおぶし…ひとつまみ
しょうゆ…小さじ1/4

作り方
茶碗に盛ったごはんにコーンとかつおぶしをのせ、バターをちらし、しょうゆをまわしかける。

コーンたっぷり
猫まんま
洋風アレンジ

119

朝はパンじゃなきゃという人は

のせパン&サンド

朝食はパンとコーヒー or ティー派さんには、ひと工夫トーストとサンドイッチを提案!

調理時間 7分

チーズと磯の香りが相性抜群
海苔チーズトースト

ゆずこしょうで
ワンランクアップの味に

材 料 (ひとり分)

食パン(6枚切り)…1枚

A(調味料)
マヨネーズ…小さじ1
ゆずこしょう…少々

ピザ用チーズ…20g
焼き海苔…1/4枚(小さくちぎる)

作り方
食パンにAを混ぜたものを塗り、上からピザ用チーズと焼き海苔をのせる。トースターで焼き色がつくまで5分ほど焼く。

ふかふかの
食感とチーズが◎!

調理時間 15分

フレンチトースト仕立て♡
クロックムッシュ

作り方
食パンの片面にバターを塗り、ロースハムとスライスチーズをはさんで半分に切る。Aをバットに入れ、パンを両面ひたす。フライパンにバター(分量外)を入れて中火で温め、ひたしておいたパンを入れ、フライ返しで軽く押さえながら焼き色がつくまで5分ほど焼く。裏返し、同様に焼き色がつくまで焼く。

材 料 (ひとり分)

食パン(8枚切り)…2枚
バター…5g
ロースハム…1枚
スライスチーズ…1枚

A(卵液)
卵…1個
牛乳…1/4カップ(150ml)
塩、こしょう…各少々

食パン編 **6** パパッと朝ごはん

調理時間 8分

マヨネーズの土手が決め手
ベーコンエッグトースト

スプーンで作った
卵ポッケがポイント

作り方

食パンの耳のすぐ内側にマヨネーズを1周しぼる。真ん中をスプーンの背で押して少しくぼませ、そこに卵を割り入れる。白身の部分にベーコンをちらして塩、こしょうをふり、トースターで卵が半熟の目玉焼き状になるまで7分ほど焼く。粗びき黒こしょうをふる。

材料
（ひとり分）

食パン（6枚切り）…1枚
マヨネーズ…適宜
卵…1個
ベーコン…1/4枚
塩、こしょう…各少々
粗びき黒こしょう…少々

変色しやすいので
すぐにパンに
のせて焼く！

調理時間 8分

バラの花みたいでかわいい！
りんごとくるみの
シナモントースト

作り方

食パンに分量の半分のバターを塗り、りんごをずらしながら円形に並べる。上に残りのバターとくるみをちらし、シナモンをかける。トースターで7分焼き、皿にのせてはちみつをかける。

材料
（ひとり分）

食パン（6枚切り）…1枚
バター…10g
リンゴ…1／3個
（皮のまま薄切り）
くるみ…1個
（5mmの大きさに手でくだく）
シナモン…少々
はちみつ…小さじ1

121

パクチーと
マヨネーズが
意外に好相性!

調理時間 3分

なますと鶏ハムで本格派!
鶏ハムのバインミー

材料

（ひとり分）

バゲット…1/4本　マヨネーズ…適量
にんじんと大根の和風ラペ（P110）…適量
蒸し焼き鶏ハム（P89）…2枚
パクチー…適量　チリソース…適量

作り方

バゲットは軽くトーストし、半分の深さぐらいまで切り込みを入れる。バゲットの内側にマヨネーズを塗り、にんじんと大根の和風ラペ、蒸し焼き鶏ハム、パクチーをはさみ、好みでチリソースをかける。

調理時間 5分

ピクルスの酸味がアクセント
コンビーフの
オープンサンド

イングリッシュ
マフィンは
"よく焼き"で!

材料

（ひとり分）

イングリッシュマフィン…1個
コンビーフ…50g
ピクルス…小1個（みじん切り）
マヨネーズ…大さじ1
しょうゆ…小さじ1

作り方

イングリッシュマフィンは手で半分に割り、こんがりとトーストする。ボウルにコンビーフ、ピクルス、マヨネーズ、しょうゆを加えよく混ぜ、焼き上がったイングリッシュマフィンにのせる。

いろいろパン編 **6** パパッと朝ごはん

調理時間 5分

バターロールが変身！
プチホットドッグ

> いくつでも
> 食べられそうな
> サイズ感♡

作り方
フライパンにサラダ油を温め、ウインナーを入れて炒める。チリソースを加えウインナーによくからめながら中火で2〜3分加熱する。バターロールの中央部分に、半分ぐらいの深さまで切り込みを入れ、白菜のピクルス、ウインナーの順にはさみ、好みでマスタードをかける。

材料
（ひとり分）

バターロール…1個
ウインナー…1本
（斜めに数か所切り込みを入れる）
白菜のピクルス（P85）…適量
（千切りにし、水気をよくきる）
チリソース…小さじ2
マスタード…適量
サラダ油…小さじ1

調理時間 5分

さっぱりとした甘さが魅力
フルーツヨーグルト
のベーグルサンド

> 水きりヨーグルトで
> さっぱり味に

材料
（ひとり分）

ベーグル…1個
ヨーグルト…大さじ4
（キッチンペーパーで包み、水気をきる）
いちご…2〜3個
（へたを取り、薄切り）
キウイ…1/3（薄切り）
ミントの葉…10枚
はちみつ…適量

作り方
ベーグルは横半分にスライスする。ベーグルの切り口に水きりヨーグルト（写真右）を塗り、いちご、キウイを交互に並べて最後にはちみつをたっぷりかけ、ミントを飾る。

あったかスープでホッと朝時間

マグカップスープ

マグカップに材料を入れて、電子レンジで温めるだけ！朝にうれしいお手軽スープがこれ！

シンプルな洋風スープだから、入れる具材は好みのものでもOK

腹持ちよく、ビタミンたっぷり
ウインナーとブロッコリーのスープ

材料

（ひとり分・250〜300mlのマグカップ1個分）

- ウインナー…1本（20g）（1cm厚の輪切り）
- ブロッコリー…ひと房（20g）（P67を参照し、小房に分ける）
- 黄パプリカ…1/10個（10g）（長さを半分に切り、薄切り）
- 水…3/4カップ（150ml）
- コンソメ顆粒…小さじ1/4
- 塩、粗びき黒こしょう…各適量

作り方

マグカップに全ての材料を入れ、ふんわりとラップをし、電子レンジで2〜3分加熱する。

ぽってり濃厚でクリーミー
さつまいもの豆乳ポタージュ

電子レンジを使った後は、フォークでつぶすだけ！

材料

（ひとり分・250〜300mlのマグカップ1個分）

- さつまいも…80g（ひと口大に切る）
- 玉ねぎ…1/8個（20g）（繊維に直角に薄切り）

A（調味料）
- コンソメ顆粒…小さじ1/4
- 豆乳…120ml
- 塩、粗びき黒こしょう…各適量

作り方

マグカップにさつまいもと玉ねぎを入れてふんわりとラップをし、電子レンジで1〜1分30秒ほど加熱する。フォークなどでなめらかになるまでつぶし、Aを入れて再びラップをし、さらに1分ほど加熱する。

6 パパッと朝ごはん

仕上げの
チーズでグンと
おいしさアップ

チーズが入ってまろやか
小松菜とベーコンのカレースープ

材料
（ひとり分・250〜300mlの
マグカップ1個分）

小松菜…1株（20g）（3cmのざく切り）
エリンギ…1/3パック（30g）
　（長さを半分に切り、5mm厚に切る）
ベーコン…1枚（1cm幅の細切り）

A（調味料）
　水…3/4カップ（150ml）
　コンソメ顆粒、カレー粉…各小さじ1/4
　塩、粗びき黒こしょう…各適量
　粉チーズ…小さじ1/2

作り方
マグカップに全ての材料を入れてふんわりとラップをし、電子レンジで3分加熱する。

桜エビの香ばしさがふわっと香る
レタスと桜エビのスープ

前の晩に
下ごしらえをしておけば、
朝はお湯を注ぐだけ！

材料
（ひとり分・250〜300mlの
マグカップ1個分）

レタス…1枚（20g）
　（ひと口大にちぎる）
桜エビ…大さじ1/2
しょうがのすりおろし…少々
しょうゆ、鶏ガラスープの素…
　各小さじ1/4
塩、粗びき黒こしょう…各適量
熱湯…3/4カップ（150ml）

作り方
マグカップに全ての材料を入れ、熱湯を注いでよく混ぜる。

125

卵をもっとおいしく食べる

卵バリエ

やっぱり朝は卵がなくっちゃという卵ラバーのために、基本の4つの卵料理をレクチャー。

卵料理の基本！まずはここから始めてみましょ

調理時間 8分

ふんわりやさしいお味
ふわふわスクランブルエッグ

材料
（ひとり分）

卵…2個
（ボウルに割り入れ、塩・こしょう少々を入れてかき混ぜ、牛乳小さじ1を加えさらに混ぜる）
バター…10g

1 余熱でバターが溶けている所に溶き卵を一気に流し入れる

[弱火]

フライパンを少し温め、バターを入れ半分ぐらい溶けたら、火からおろしておく。

2 火からおろしたままゴムベラで素早くかき混ぜる

[弱火]

余熱がなくなってきたら再び火にかけ、様子をみながら好みの焼き具合の1歩手前ぐらいで火を止める。

ふんわり焼くコツは？

A 火加減に注意

火をかけすぎると細かくポソポソになってしまうので、余熱を利用しながら調理するとふんわりと仕上がる。

6 パパッと朝ごはん

調理時間 8分

アッツアツを、めしあがれ!
とろり半熟オムレツ

慣れてきたら
いろんな具材で
アレンジも楽しい

材料

（ひとり分）

卵…3個
（ボウルに割り入れ、塩・こしょうを少々入れ、箸で泡立てないようにかき混ぜ、牛乳大さじ1を加えさらに混ぜる）
バター…10g

1 フライパンを上下にゆすりながら箸で卵をかき混ぜる

[中火]

バターが溶けたら、卵を一気に流し入れる。箸で鍋の周囲の卵を、ぐるりとはがす。

2 卵が半熟になったら火を止め、手前から中心に向かって折る

フライ返しではなく、ゴムベラを使って奥から手前に返すようにすると卵が崩れにくい。

3 折り目が下にくるようにひっくり返し、鍋の端に寄せる

[中火]

形が崩れないように、フライパンの余熱で火を通しながら、オムレツ型にととのえる。

4 再び返して、ゴムベラを使ってオムレツを皿へ移す

フライパンを斜めにし、できるだけお皿に近づけてゴムベラでオムレツをすくうようにする。

5 お皿にのせたオムレツをラップを使い木の葉型に形をととのえる

お皿に移したあとに、ラップをオムレツにかけて形をととのえるときれいな仕上がりになる。

Q 具入りオムレツを作る場合は?

A 炒めた具を卵の上にのせる

具はあらかじめ炒めておいたものを半熟状の卵の上にのせ、フライパンを傾けて卵で包み込むように、鍋の端にずらしながら包む。

ルックスはNo.1!!
上手にできたら
いい日になりそう♪

調理時間 8分

美しい見た目はホテル並み!?
きれいな ベーコンエッグ

1 油をひかず中火で予熱したフライパンでベーコンを焼く

[中火 🔥🔥🔥]

ベーコンをまっすぐに並べ両面焼く。脂が抜けたベーコンはちぢむのでそれを目安に取り出す。

2 低い位置から白身をそっと流し、中央に黄身をのせる

[中火 🔥🔥🔥]

1のフライパンに、容器に割り入れた卵をフライパンにふれそうな低い位置から流し入れる。

材料

（ひとり分）
ベーコン…2枚
卵…1個

3 そのまま中火で焼き途中弱火にして火を通す

[中火 🔥🔥🔥]

強すぎると裏だけが焦げてしまうので、火加減に注意しながら、卵に火を通す。

4 好みの焼き加減になったらベーコンを戻し温める

[弱火 🔥🔥🔥]

卵の両サイドに1で焼いたベーコンを添えて、焦げない程度に温めたらできあがり。

Q 気を付けたいポイントは?

A 低い位置から卵を割り入れる

高い位置から卵を割り入れると、目玉焼きの形が崩れてしまうので、容器に割り入れ低い位置から流し込むのがベスト。

調理時間 3〜12分

ベストタイムは5分と12分!
4変化! ゆで卵

食べ方によって
ゆで分けするのが
重要なのです

ゆで時間15分
(黄身のまわりが黒ずんで見た目がいまいち)

ゆで時間3分
(黄身がとろとろ流れ出しそうな状態)

ゆで時間5分
(ほどよい半熟、味付け卵にベスト)

ゆで時間12分
(完璧な固ゆで。サラダ、コロッケ、煮卵に)

材料
(ひとり分)

卵…1個（常温にもどす）
酢…大さじ2
水…適量

1 卵が隠れるぐらいの水と酢を入れて強火にかける

[強火]

酢を加えておくと、万が一殻にひびが入っても白身が固まり流出しない。

2 沸騰したら弱めの中火に。一定時間ゆでたら冷水につける

[中火弱]

黄身を真ん中にしたい時はお湯が沸騰するまで、箸で卵をころがしながらゆでる。

Q ゆで卵の殻を上手にむくには?

A 冷水を活用

すぐに冷水につけ、水の中で殻に割れ目を入れると、割れ目から水がじわじわ入り、殻をむくときにするりと薄皮ごとむける。

ふわふわ卵サンドレシピ

シンプルだけど抜群においしい、卵サンドの作り方を紹介!

> 卵サラダは少量の
> 砂糖を入れることで
> 味がぐんとまろやかに!

> マヨネーズがからんだ
> たっぷりの卵をサンド
> **卵サラダ
> サンドイッチ**

材料
（ちょっと多めのひとり分）

ゆで卵…2個
サンドイッチ用食パン…4枚

A（調味料）
マヨネーズ…大さじ2
塩…小さじ1/4
砂糖…ひとつまみ
こしょう…少々

バター…適量（室温にもどしておく）

1. ゆで卵をまな板の上にのせて包丁で細かくきざむ

point
ゆで卵が一度に均等にスライスできるエッグスライサーを使って細かくきざむこともできる。

2. ボウルに卵とAを混ぜ合わせ、卵フィリングを作る

3. サンドイッチ用食パンの片面にバターを塗る

4. その上に卵フィリングを均一にのせて、残りのパンをのせる

5. 2～3等分に食べやすい大きさに切ったらでき上がり

作りおきと冷凍を
賢く使う！

PART 7

ビギナーさん
向け
デビュー弁当

お料理に慣れてきたら、そろそろ憧れのお弁当作りに挑戦して
みてはいかが？　節約にもなり、できるヒト度も一気に高まる
手作り弁当。「作りおき」や「コスパGOODな食材」など、本
書内レシピも賢く活用した簡単定番弁当で、まずは腕慣らし。

朝の負担
ほぼなし！

P134〜141

がんばらずにちゃんと作れる
お弁当

- ほろほろ炒り卵が絶品！　**鶏塩そぼろ弁当**
- 2大スターメニュー　**からあげ＆オムライス弁当**
- とろり甘酢あんがたまらない！　**肉だんご弁当**
- 野菜がぎっしり　**レインボーサラダ**

P142〜143

これだけで、満足ランチ！
具だくさんおにぎりと味噌玉

- 欲張り具だくさん！　**4種のおにぎり**
- くるっとまとめるだけ　**4種の味噌玉**

ほろほろ炒り卵が絶品!
鶏塩そぼろ弁当
BENTO 01　調理時間 **8分**

材料
(ひとり分)

- 鶏塩そぼろ(P50)…50g
- 卵…1個（溶いておく）
- にんじん…5mm幅の輪切り2枚（花形などで抜く）
- いんげん…2本（斜め薄切り）
- **A**（調味料）
  - めんつゆ（2倍濃縮）…小さじ2
  - 砂糖…小さじ1

7 ビギナーさん向けデビュー弁当

目にもあざやかな3色弁当。
作りおきの
鶏塩そぼろで簡単！

B（調味料）
砂糖…小さじ1
塩…少々

ごはん…茶碗1杯分

1. 耐熱皿に鶏塩そぼろとAを入れて混ぜ、上にいんげんとにんじんをのせる

ラップをふんわりかけ、電子レンジでにんじんがやわらかくなるまで1分間加熱。そのまま粗熱を取る。

2. 耐熱ボウルに卵とBを入れて混ぜ、ラップせずに電子レンジで30秒加熱

いったん取り出してよく混ぜてから再び電子レンジで30秒加熱し、取り出してよく混ぜる。

3. 半熟状態であればさらに10秒ずつ加熱し、卵に完全に火を通す

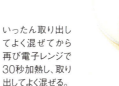

point
ホイッパーを使って混ぜると簡単にほろっとした粒状になるのでおすすめ。

でき上がったら弁当箱にごはんを入れ、1のそぼろと2をのせていんげんとにんじんを飾る。

材料

(ひとり分)

- 塩麹からあげ（P88）…4個
- かぼちゃ…2枚（5mm幅の薄切り）
- 卵…1個（ボウルに溶いて、塩・こしょう・砂糖を各少々混ぜる）
- サラダ油…小さじ1
- ごはん…適量（トマトケチャップ大さじ2と1/2を混ぜておく）
- ミックスベジタブル…大さじ1と1/2（解凍し、水気をキッチンペーパーで拭いておく）
- トマトケチャップ…適量
- 塩、こしょう、カレー粉…各少々
- ミニトマト…1個
- レタス…適量
- 粉パセリ…少々

1. かぼちゃを素揚げし、キッチンペーパーの上にのせて油をきる

[中火]

素揚げしたかぼちゃに塩、こしょう、カレー粉をふっておく（このときの揚げ油は分量外）。同じ油でP88を参照しからあげを作る。

2. ケチャップを混ぜておいた温かいごはんをボウルに入れる

ミックスベジタブルと塩、こしょう各少々を加えてよく混ぜる。

3. フライパンを予熱しサラダ油を温め、卵を流し入れて薄く焼く

[中火]

表面が固まったら裏返して30秒ほどさっと焼き、2のケチャップごはんをのせて包む。

4. 弁当箱に入れ上からラップで覆い、温かいうちに形を整える

point 包むのが難しい場合は、ケチャップライスを入れた上にたたんだ卵焼きをのせてもよい。

仕上げにケチャップを斜めがけし、粉パセリをふる。レタスと1のかぼちゃ、塩麹からあげ、ミニトマトを入れる。

7 ビギナーさん向けデビュー弁当

2大スターメニュー
からあげ&オムライス弁当
BENTO 02

調理時間 15分

塩麹で漬け込んだ
からあげは
冷めてもおいしい！

137

とろり甘酢あんがたまらない

肉だんご弁当
BENTO 03

調理時間 10分

材料 （ひとり分）

- 冷凍肉だんご（P114）…3個
- 切り干し大根（P48）…適量
- 玉ねぎ…1/8個（20g）（くし形切り）
- ピーマン…1/2個（15g）（3cmの乱切り）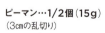
- A（甘酢あん）
  - 水…大さじ1
  - 酢…大さじ2
  - しょうゆ…小さじ1
  - 砂糖…大さじ1と1/2
  - 片栗粉…小さじ1

7 ビギナーさん向けデビュー弁当

1 耐熱容器に甘酢あんの材料全てを入れ、片栗粉がだまにならないようによく混ぜる

ラップはせずに電子レンジで20〜30秒、とろみがつくまで加熱する。

2 耐熱皿に玉ねぎ、ピーマン、肉だんごの順にのせる

ラップをふんわりかけ、火が通るまで電子レンジで1分30秒ほど加熱する。

3 2に火が通ったら1の甘酢あんと合わせて和える

弁当箱にごはん、3、レタス、ミニトマト、切り干し大根を入れ、最後にゆかりをかける。

ごはんが進む人気の茶色系弁当は、男子ウケも◎!

ごはん…適量
ゆかり…適量
レタス…適量
ミニトマト…1個

材料 (ひとり分)

- 牛肉しぐれ煮（P46）…50g
- いんげん…2本（斜め薄切り）
- 黄パプリカ…1/8個（25g）（細切り）
- にんじん…1/6本（20g）（細切り）
- もやしナムル（P72）…適量（ひげ根を取る）
- トレビス…1枚（細切り）
- レタス…適量（手でちぎる）

A（ドレッシング・作りやすい分量）
- サラダ油…大さじ2
- ワインビネガー…大さじ1
- 玉ねぎとセロリの塩だれ（P58）…小さじ1/2

ごはん…適量

1. いんげんとにんじん、黄パプリカを耐熱皿にのせ電子レンジで1分加熱

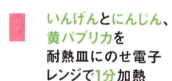

ラップをふんわりとかけ、しんなりするまで加熱する。

2. 弁当箱にまんべんなくレタスを敷き、ごはんを入れる

1と牛肉しぐれ煮、トレビス、もやしナムルを彩りよく斜めにのせ、よく混ぜたAを、野菜の上に適量かける。

point　Aは分離しないようよく混ぜておく。

7 ビギナーさん向けデビュー弁当

野菜がぎっしり
レインボーサラダ弁当
BENTO 04

野菜とお肉を
きれいに並べると
見栄えも素敵に!

調理時間 5分

これだけで、満足ランチ！
具だくさんおにぎりと味噌玉

おにぎり ： ランチはもちろん、小腹が空いたときにもおすすめ！具沢山な欲張りおにぎり4種！

カリカリ梅と鮭のおにぎり

作り方

カリカリ梅2個は種のまわりの果肉を細かくきざみ、鮭フレーク大さじ1、白ごま小さじ1とともに温かいごはん100gに混ぜる。手に塩少々を取り、三角に握る。

ハムチーズのカレーおにぎり

作り方

5mm角に切ったロースハム1/2枚分、グリーンピース大さじ1/2、カレー粉小さじ1/4、粉チーズ小さじ1を100gの温かいごはんに混ぜる。手に塩少々を取り、三角に握る。

ツナと塩昆布のおにぎり

作り方

油をきったツナ缶（小）1/4缶分、塩昆布1g、マヨネーズ小さじ1を100gの温かいごはんに混ぜる。手に塩少々を取り、三角に握る。

肉巻きおにぎり

作り方

100gの温かいごはんを俵型に握る。牛薄切り肉1枚を広げ、薄く薄力粉をふったところに握ったごはんをのせ、ごはんが見えないように包む。サラダ油を温めたフライパンにおにぎりを入れ、肉の表面に焼き色がついたら、めんつゆ小さじ1を加え煮からめる。仕上げに白ごま少々をふる。

7 ビギナーさん向けデビュー弁当

味噌玉の作り方

1
大さじ1杯の味噌を用意して、ラップの上にのせる

2
味噌の上に具材をのせて、ラップで茶巾包みにする

3
食べる直前に器に移し、熱湯を注ぐ

味噌玉
味噌と具材を合わせておけば、食べたい時にさっとお湯を注ぐだけ！

桜エビ＋てまり麩＋あおさ海苔

作り方
味噌大さじ1、桜エビ1g、てまり麩6個、あおさ海苔小さじ1を、ラップにのせて茶巾包みにする。

切り干し大根＋ひじき

作り方
味噌大さじ1、切り干し大根適量、ひじき小さじ1/2、カイワレ大根少々をラップにのせて、茶巾包みにする。好みでカイワレ大根を入れても。

じゃこ＋とろろ昆布

作り方
味噌大さじ1、じゃこ小さじ2、とろろ昆布0.5gをラップにのせて、茶巾包みにする。

わかめ＋春雨＋万能ねぎ

作り方
味噌大さじ1、乾燥カットわかめ小さじ1、細かく切った春雨2本、万能ねぎの小口切り1本分をラップにのせて、茶巾包みにする。

自炊が
もっと楽しくなる

華やかで
おいしい！

PART 8

おもてなしの
とっておき
メニュー

さて、ここまで基本をお勉強したら、最後は応用編！ホームパーティや大事な人とのおめかしランチに使える、簡単ですごくおいしい「おもてなし」レシピをどうぞ。

ふたりで！
ホームパーティで！
作りたい5品

P146	こんがりチキンのフライパンパエリア
P148	丸ごと尾頭つきアクアパッツア
P150	カラフル野菜のロール鍋
P152	のっけケーキ寿司
P154	ロコモコハンバーグ

サフランなしでもおいしい

こんがりチキンの フライパン パエリア

調理時間 33分

Frying Pan Paella

8 おもてなしのとっておきメニュー

材料
（作りやすい分量・2～3人分）

- 手羽先…4本（塩・こしょう少々をふる）
- 玉ねぎ…1/4個（40g）（みじん切り）
- いんげん…3～4本（塩ゆでし、斜めに2等分に切る）
- 赤パプリカ…1/6個（30g）（縦6等分に薄切り）
- レモン…1/2個（くし形切り）
- カレー粉…小さじ1/4
- 米…1カップ
- A（スープ）
  - 白ワイン…1/4カップ（50ml）
  - 水…1カップ（200ml）
  - コンソメ顆粒…小さじ1
- にんにく…1かけ（みじん切り）
- オリーブオイル…大さじ1と1/2
- 塩、こしょう…各適量

1

オリーブオイル大さじ1/2を温め手羽先を焼いたら一度取り出す
［中火→弱火 🔥🔥］

さらに、同じフライパンにオリーブオイル大さじ1とにんにくを入れ弱火で2分炒め、玉ねぎを入れる。塩、こしょうをして油がまわるまで炒める。

2

米を洗わずに加え、色が白から半透明になるまで1～2分炒める
［中火 🔥🔥］

point
米は洗うと粘りが出て割れやすくなるので洗わず生米を使う。半透明になるまで炒めることで炊きむらを防ぐ。

米の色が変わるまで炒まったら、さらにカレー粉を加える。粉っぽさがなくなるまで炒め、火を止める。

3

Aのスープと手羽先、赤パプリカをのせて沸騰するまで火にかける
［中火強 🔥🔥🔥］

沸騰したら火を少し弱め、中火で約12分加熱し火を止める。ふたを開けいんげんをちらし、再度ふたをして10分蒸らす。レモンをそえ、フライパンごと食卓に出す。

こんなに豪華で、とっても簡単

丸ごと尾頭つき アクアパッツア

調理時間 20分

Acqua Pazza

8 おもてなしのとっておきメニュー

材料
（作りやすい分量・4〜5人分）

- タイ…大1尾（P66を参照し、下ごしらえする。※好きな白身魚、また切り身でもOK）
- アンチョビペースト…小さじ1枚
- にんにく…1かけ（みじん切り）
- 種抜きブラックオリーブ…6粒
- オリーブオイル…大さじ2
- タイム（生）…適量
- レモン…輪切り1枚
- ミニトマト…8個（へたを取る）
- アサリ…1パック（P64を参照し、砂抜きする）
- 白ワイン、水…各1/2カップ（100ml）

---

1 オリーブオイル大さじ1を熱してタイを入れ、ふたをして1〜2分焼く
[強火]

point: 盛りつけたときに上になる面を下にして、魚を入れる。

タイを焼く前フライパンを熱し、オリーブオイル大さじ1を温め、トマトを入れ転がしながら焼き、取り出しておく。

2 焼き色がついたら丁寧にひっくり返し、もう片面も強火で焼く
[強火]

油がグツグツしてきたら、鍋の端ににんにくとアンチョビを入れて強火でさっと炒める。

3 他の具材とタイム、白ワインを入れ強火でアルコールを飛ばす
[強火→弱火]

アルコールが飛んだら水を加え、強火にしてふたをする。沸騰したら弱火にし、アサリの口が開いたらふたをはずす。

4 オリーブオイル大さじ1を回しかけ、強めの中火で加熱する
[中火強]

鍋をときどきゆすりながらスプーンで煮汁をかけ、タイが焦げつかないよう加熱する。スープがとろりとしたらでき上がり。

vegetable stew

豚肉と彩り野菜のくるくるお花畑!

カラフル野菜のロール鍋

調理時間 20分

材料

(作りやすい分量・2～3人分)

- 水菜…1束(100g)
  (4cmのざく切り)
- 大根…10cm分(300g)
- にんじん…1/2本(60g)
- ズッキーニ…1/2本(100g)
  (それぞれピーラーで薄くリボン状にする)

- キャベツ…6枚
  (さっとゆで、芯をそぎ落とし、縦に3～4等分に切る)
- ほうれん草…2束
  (さっとゆでて根元を切り、3cm長さに切る)
- 豚ロース肉(しゃぶしゃぶ用)…16枚

- 水…2カップ(400ml)(コンソメ顆粒小さじ2を混ぜ合わせる)
- お好みのたれ…ごまだれ、ぽん酢など適量

---

1 薄く切った具材を重ねて端からくるくる丸める

肉巻きはキャベツ、にんじん、豚ロース肉の順に重ねて巻く。野菜巻きはキャベツ、ズッキーニ、大根、ほうれん草の順に重ねて巻く。

2 途中でほどけてこないように丁寧にきつめに丸めておく

丸め終えたものがこちら。自立するくらいしっかり巻いておいた方が食べやすくおいしい。

3 鍋底が見えなくなるくらい水菜をたっぷりしきつめる

シャキシャキ感が魅力の水菜。火を通すと独特の辛味がおさえられ、また違ったおいしさに。

4 色が交互になるように2を並べ、水を注いでふたをし火にかける

[強火→弱火 🔥🔥🔥]

沸騰したら弱火にし、火が通ったものから好みのたれにつけていただく。

基本の酢飯でおしゃれちらし

のっけ
ケーキ寿司

調理時間 10分

Cake sushi

152

材料

（作りやすい分量・3〜4人分）

トッピング…きゅうり、エビ、スモークサーモン、レモン（薄いいちょう切り）、ケイパー、木の芽、にんじん（花形に抜きゆでる）、錦糸卵（市販）、カニカマ、ミニトマト（輪切り）、おくら（ゆでて小口切り）、スプラウト、厚焼き卵（市販）、さやえんどう（ゆでて千切り）、アボカド（スライス）、生ハム、海苔、鮭フレーク

※材料は器に合わせて各適量

ごはん…400g（かために炊いて保温しておく）
寿司酢（合わせておく）　酢…大さじ4　砂糖…小さじ4　塩…小さじ1

point
寿司酢の調味料は全て合わせてよく混ぜ、15分以上置くことで砂糖と塩の溶け残りがなくなる。

1　温かいごはんにしゃもじを使って寿司酢をむらなく回しかける

しゃもじに伝わせるようにして回しかけるのがコツ。温かいごはんでないと酢が浸透しないので注意。

2　しゃもじで手早く縦横10回ずつ切るように混ぜる

ごはんを下から上に持ってきて、縦横20回程度切り混ぜる。ごはんが酢を含んでずしっとしたらOK。

3　バットにごはんを広げ、うちわであおいで冷ます

point
あおぐのはごはんに酢が浸透してから。しっかり酢が入ってから余分な水分を飛ばすことで、ぱらりとしたお寿司屋さんのような酢飯に！

途中しゃもじでごはんを返しながら広げ、余分な水分を飛ばす。ごはんにツヤが出ればOK。使うまで濡れたキッチンペーパーをかぶせておく。

4　酢飯を詰めたらマス目になるよう彩りよく盛りつける

人肌ぐらいの温度まで酢飯が冷めたら器にふんわり詰め、トッピング具材をバランスを見ながら盛りつけ、でき上がり。

材料

（作りやすい分量・2人分）

- トマト…1/2個（100g）（くし形切り）
- アボカド…1/2個（縦3mm幅に切る）
- 卵…2個（P128を参照し、目玉焼きを作る）
- ベビーリーフ…適量
- 玉ねぎ…1/4個（40g）（みじん切りし、耐熱皿に広げ、ふんわりラップをかける。電子レンジで1分加熱し、粗熱を取る）
- 合いびき肉…200g
- パン粉…大さじ3（牛乳大さじ1を加えてしっとりさせる）
- 卵…1/2個（溶いておく）
- 塩…小さじ1/4
- こしょう…少々
- A（ソース）
  - 赤ワイン、ウスターソース…各大さじ2
  - トマトケチャップ…小さじ1
- ごはん…適量
- サラダ油…小さじ1
- 好みのドレッシング（市販）…適量

1 肉と塩、こしょうを合わせ、粘りが出るまで手でこねる

粘りが出たら水気をきった玉ねぎ、パン粉、卵の順に加えてその都度よくこね、2等分する。

point 肉は塩、こしょうを入れて粘りが出るまでしっかりこねることで、肉汁が流れ出るのを防ぎ、ジューシーなハンバーグに仕上がる。

2 手のひらに打ちつけるようにして空気を抜きながら成形する

5〜6回手のひらでキャッチボールしながら中の空気を抜き、楕円形に。中央を少しへこませる。

3 フライパンにサラダ油を温めてハンバーグを入れ、焼き色をつける

[中火→弱火 🔥🔥🔥]

焼き色がつくまで中火で焼いたらフライ返しで裏返す。ふたをして弱火にし、7〜8分蒸し焼きにする。

4 竹串をさしてみて透明の肉汁が出たら焼き上がり

[弱火 🔥🔥🔥]

竹串をさしたときに赤っぽい肉汁が出るうちは中まで火が通っていないので、焼き時間を延長する。

5 ハンバーグを取り出し、同じフライパンにAを入れて肉汁と合わせる

[中火 🔥🔥🔥]

中火で1〜2分煮つめてソースを作る。プレートにハンバーグとごはん、サラダを盛りつける。ソースをかけ目玉焼きをのせる。

凍らせるだけで完成！

Freezing Dessert
フリージング

dessert.1
ブルーベリー フローズンヨーグルト

材料
（作りやすい分量・2〜3人分）

ブルーベリージャム …100g
ヨーグルト …200g

Blueberry!

作り方

ボウルにブルーベリージャムとヨーグルトを入れて混ぜ、好みの容器に入れて冷凍庫で凍らせる。お皿にのせ、ブルーベリージャム（分量外）を飾る。

デザート

本格的なスイーツ作りはちょっと大変だけど、混ぜて凍らせるだけのデザートならビギナーさんでも失敗なし。今すぐ真似したい！

8 おもてなしのとっておきメニュー

Freezing Dessert

Soymilk!

作り方

ボウルにゆであずきと豆乳を入れてよく混ぜたら製氷皿に入れ、冷凍庫で凍らせる。固まったら製氷皿からアイスを出し、器に盛りつける。

材料

（作りやすい分量・2〜3人分）

- ゆであずき …200g
- 豆乳 …200ml

dessert.2
豆乳あずきのキューブアイス

157

Plum wine Granité!

作り方

鍋に水と砂糖を入れ、砂糖が溶けるまで中火にかける。バットに入れ、粗熱が取れたら梅酒を加えて混ぜ、冷凍庫で凍らせる。凍ったら取り出してフォークでガリガリ削り、グラスに盛る。レモンの皮の千切りをちらし、ミントを飾る。

※お酒が苦手な方は梅酒を鍋に入れて火にかけ、沸騰させてアルコールを飛ばして使うのがおすすめ。

材料
（作りやすい分量・2〜3人分）

- 砂糖…大さじ2
- 梅酒…150ml
- 水…150ml
- ミント…少々
- レモンの皮の千切り…少々

dessert.3

大人の梅酒グラニテ

8 おもてなしのとっておきメニュー

Freezing Dessert

dessert.4
コーヒーグラニテ

材料
（作りやすい分量・2～3人分）

濃いめにいれたコーヒー…400ml

コンデンスミルク…大さじ4

ホイップクリーム…好みの量
ミント…適量

point

コーヒーグラニテをグラスに入れて、牛乳をたっぷり注ぐ贅沢アイスオーレにするのもおすすめ。

作り方
バットにコーヒーとコンデンスミルクを入れてよく混ぜ、冷凍庫で凍らせる。凍ったら取り出してフォークで削り、グラスに盛ってホイップクリームとミントをのせる。

レシピ監修・スタイリング	---	株式会社M's（柳瀬真澄、宗形由美子）
調理アシスタント	---	株式会社M's（野村美由紀、飯野雅美）
撮影	---	熊原美惠
デザイン	---	store inc.
イラスト	---	きくちりえ（Softdesign）
編集	---	吉田圭、橋本いずみ、森田有希子、印田友紀（smile editors）

監修　フードコーディネーター・料理研究家
柳瀬真澄（やなせ ますみ）

1996年より料理の道に進み、大手料理教室の講師を務めるかたわらデザイナーという職業であったことから、食をデザインすることに興味を持つ。その後、「食」の魅力を様々な角度から表現したい！　という想いが膨らみ、フードコーディネーターに転身する。雑誌、TV、広告などを中心に調理、盛付け、スタイリングのトータルフードコーディネートの他に、レシピ提案、メニュー開発、商品開発サポート、パッケージデザイン提案や料理教室など幅広い分野で活動中。著書に『発酵食品を使った美味しい鍋レシピ』（世界文化社）、『極上ハンバーグと絶品オムライス 詳細プロセス付き』（日東書院本社）ほか。

http://www.foodcreator.jp/

InRed & SPRiNG特別編集
ゆるラク自炊BOOK

2018年2月14日 第1刷発行
2021年3月22日 第2刷発行

著　　　者	InRed／SPRiNG編集部
発 行 人	蓮見清一
発 行 所	株式会社 宝島社
	〒102-8388 東京都千代田区一番町25番地
	電話　編集：03-3239-0926
	営業：03-3234-4621
	https://tkj.jp
印刷・製本	株式会社リーブルテック

本書の無断転載・複製を禁じます。　乱丁・落丁本はお取り替えいたします。
©TAKARAJIMASHA 2018 Printed in Japan
ISBN978-4-8002-8137-1

本書の内容の一部は、小社より刊行した『マグごはん』（2016年6月）、『レンチン！糖質オフ！やせるマグごはん』（2017年6月）、『たまサン』（2017年11月）より流用しています。